KB163340

최신 '건설업 실태조사' 완벽가이드

알기 쉬운!
건설업
실질자본

최신 '건설업 실태조사' 완벽가이드

알기 쉬운!
건설업
실질자본

김명준 지음

피플 밸류 HS

머리말

    최근 들어 건설업체를 대상으로 매년 '건설업 실태조사'가 시행되면서, 건설업체의 '실질자본'에 대한 관리 감독이 강화되고 있습니다. 그 결과 실질자본 부족으로 행정처분을 받는 건설업체가 증가하는 추세입니다.

    그간 건설업 실태조사 청문위원으로 활동하면서 많은 건설업체 경영자와 실무자를 만나본 결과, 건설업 실질자본에 대해 아는 분들이 너무도 적다는 사실에 놀란 경우가 많습니다. 이는 당연히 알아야 함에도 참고할 수 있는 자료가 적기 때문으로, 이 책을 쓰게 된 이유이기도 합니다.

    이 책은 「건설업체 기업진단지침」을 알기 쉽게 해설한 책으로, 건설업체(일반건설업 및 전문건설업)가 평소 실질자본을 유지하는 데 필

요한 요령과 실태조사에 대처하는 방안 등을 함께 담았습니다.

아무쪼록 건설업체 경영자와 실무자 여러분께 도움이 되길 바랍니다.

공인회계사

김명준

Part 4 부채의 평가(실질부채 구분 · 평가)

Part 5 겸업자본의 평가

부록

알기 쉬운!
건설업 실질자본

Part 1

건설업
실태조사

건설업 실태조사

　「건설산업기본법」은 충실한 자본을 가진 업체만 건설업에 참여할 수 있도록 강제하고 있습니다. 이에 국토교통부는 매년 '건설업 실태조사'를 통해, 자본이 충실하지 못한 건설업체를 가려내어 행정처분(영업정지[1] or 등록말소[2])을 하고 있습니다. 자본이 충실한 기업인 경우 '실질자본'이 건설업종별 '기준자본금[3]' 이상이어야 합니다.

---

1. 기본 6개월의 영업정지(신규 계약 등 제한). 단 일정 요건을 충족하면 영업정지 기간을 일부 경감할 수 있음.

2. 직전 3개년 사이에 동일한 사유(실질자본 미달)로 영업정지를 받은 적이 있는 경우에는 등록말소.

3. 건설업종별 기준자본금(법인): 건축공사업 5억 원, 토목공사업 7억 원, 조경공사업 7억 원, 전문건설업 2억 원~10억 원 등(「건설산업기본법」 시행령, 2018.10.30 기준).

※ 주기적 신고의 폐지

　기존에는 3년 주기로 건설업체가 제출하는 결산재무제표^{(직전 3개}
^{년)}를 토대로 실질자본의 충족 여부를 심사하였습니다. 이를 주기
적 신고라 합니다. 국토교통부는 여기에 실태조사를 추가로 시행
해 오다가, 2018년도부터는 주기적 신고를 폐지하고(『건설업관리규정』
2018.1.8 개정) 실태조사 방식으로 완전히 전환하였습니다. 주기적 신
고는 3년 주기였지만 실태조사는 매년 시행되므로 건설업체의 부
담은 더욱 커졌습니다.

실태조사 과정

실태조사는 대상 업체 선정 → 서면 심사 → 청문으로 이루어집니다.

1) 대상업체 선정

국토교통부는 매년 건설업체가 신고한 가장 최근의 '정기연차 결산재무제표'를 기준으로, 실질자본이 기준자본금에 미달할 것으로 추정되는 업체를 선정합니다. 선정된 업체는 소재지 시도지사(지자체) 등에게 통지합니다.

2) 서면 심사

시도지사(지자체) 등은 대상 업체에게 일체의 자료(재무제표 등의 장부, 관련된 증빙)를 요청하여 받습니다. 이 자료를 토대로 실질자본을 심사합니다. 실질자본이 기준자본금 이상을 충족하면, 서면 심사 단계에서 종결합니다. 그러나 실질자본이 기준자본금에 미달하면, 대상 업체에게 미달의 사실과 행정처분의 내용 및 청문 출석 등을 통지(협의)합니다. 서면 심사는 지자체에 따라 대한건설협회 등에게 위임하여 진행하기도 합니다.

3) 청문

청문 출석을 통지받은 업체는, 지자체에 출석하여 서면 심사의 내용과 결과에 대해 이의를 제기할 수 있습니다. 또한 업체는 서면 심사에서 제시하지 못한 자료 등을 보완하여 실질자본 충족 여부를 소명할 수 있습니다. 청문에는 내용을 정확히 알고 있는 경영자 또는 회계담당자가 출석하여야 하며, 필요할 경우 세무대리인 등의 참석도 가능합니다.

지자체는 업체가 제시한 증빙과 근거 등을 검토하여, 실질자본이 기준자본금 이상을 충족하는지 미달하는지를 판정합니다. 판정 결과 기준자본금에 미달할 경우 행정처분(영업정지 or 등록말소)을 내립니다. 지자체에 따라 청문위원(외부 공인회계사 등)이 청문을 진행하기도 합니다.

실태조사 기간

　　최근의 실태조사 기간을 살펴보면, 매년 하반기에 대상 업체를 선정하여 서면 심사부터 청문까지 진행하므로, 대상 업체 선정부터 마지막 청문이 종료되기까지 다소 시일이 걸리기도 합니다. 참고로 2017년도 실태조사는 다음과 같이 2017년도 하반기에 시작하여 2018년도 중순까지 진행되었습니다.

심사대상 재무제표 : 2016.12.31 기준 재무제표	2017년	서면심사
	청문	2018년

알기 쉬운!
건설업 실질자본

Part 2

실질
자본

실질자본

실태조사에서는 건설업체가 실질자본을 건설업종별 기준자본금 이상으로 유지하는지 여부를 확인한다고 하였습니다. 그럼, 실질자본이란 무엇일까요?

먼저 실태조사 중 청문 절차에 참여한 경영자들은 이런 의문을 많이 가집니다. "건축공사업 자본금 5억 원이 그대로 있는데, 왜 우리 업체가 실태조사와 청문 대상이 되어야 하죠?", "자산이 5억 원이 넘는데, 실질자본 5억 원에 미달하다니요?"와 같은 질문들입니다. 이는 기준자본금, 납입자본금, 실질자본 등을 혼동하기 때문입니다.

각각의 개념을 좀 쉽게 살펴보겠습니다. 예를 들어 건축공사업이라는 게임판이 벌어지고 있다고 합시다. 여기에 참가하려면 최소한의 돈(자본)이 필요합니다. 주최측이 이 금액을 5억 원으로 정해두었다면 이것이 '기준자본금'입니다. 게임에 참가할 자격을 얻으려면 기본적으로 5억 원을 내야 합니다. 물론 그 이상을 내도 됩니다. 이때 지불하는 돈이 바로 '납입자본금'입니다. 납입자본금은 처음 참가 자격을 얻을 때만 의미가 있고, 이후에는 일반적으로 의미가 없습니다.

이후 중요한 것은 바로 '실질자본'입니다. 1년간 게임이 계속된 후에는 결산을 하게 됩니다. 참가자에 따라 돈을 딴 사람도, 잃은 사람도 있을 것입니다. 즉 참가 자격을 얻기 위해 낸 5억 원이 늘었거나 줄어든 결과가 실질자본입니다.

주최측은 참가자의 결산서(직전 1년간)를 받아 남은 자본(실질자본)이 기준자본금(5억 원)에 미달하는지 충족하는지 심사를 합니다. 심사 결과 참가자 중 돈을 잃어 실질자본이 부족한 자, 즉 실질자본이 기준자본금에 미달한 자는 일정 기간 동안 게임에 참가하지 못하게 합니다(영업정지).

참가자는 영업정지가 끝날 때까지, 부족한 기준자본금 이상을 채워야 다시 게임에 참가할 수 있습니다.

건설업에 적용하여 다시 정리하면 다음과 같습니다.

- 기준자본금: 건설업 면허를 취득하기 위한 최소 요건
- 납입자본금: 면허 취득을 위해 최초 납입한 자본금(법인등기부등본상 자본금)
- 실질자본: 매년 영업 결과에 따라 달라지는 자본

납입자본금과 실질자본은 항상 건설업종별 기준자본금 이상을 유지하여야 합니다.

납입자본금 & 실질자본 ≥ 기준자본금

납입자본금은 최초에 건설업 등록을 위하여 기준자본금 이상으로 납입하였으므로, '자본금 감소[1]'를 하지 않는 한 매년 유지됩니다. 문제는 실질자본입니다. 매년 영업 활동 결과 실질자본이 늘거나 감소하므로, 이를 고려해서 실질자본을 기준자본금 이상으로 유지하도록 해야 합니다.

---

1. 유상감자, 무상감자 등.

실질자본 심사 방법

실질자본 심사는 서면 심사에서 먼저 실시하고, 서면 심사를 통과하지 못하면 청문 절차에서 추가로 이루어집니다. 실질자본 심사 방식은 자본총계 심사 → 실질자본 심사 단계를 거치는데, 이러한 방식은 서면 심사와 청문 절차에서 동일하게 적용합니다.

1) 자본총계 심사

재무상태표에서 자본총계가 건설업종별 기준자본금 이상인지 확인합니다.

단순히 재무상태표의 숫자만을 확인하므로 간단한 단계입니다. 만약 자본총계가 기준자본금에 미달하면, 다음 단계 없이 바로 청문 절차에 들어갑니다. 자본총계가 기준자본금에 미달하면, 청문을 통과하기는 사실상 어렵습니다.

과목	제*(당)기	
	금액	
자산		***
***	***	
부채		***
***	***	
자본총계		***
자본금	***	
이익잉여금	***	

[㈜XY 재무상태표(2018.12.31)]

2) 실질자본 심사

자산과 부채 중 실질자산과 실질부채를 일일이 구분하고 평가합
니다.

**① 실질자산 평가: 순수하게 건설업에만 사용되는 자산, 즉 실질자산만을
평가하는 과정**

재무상태표에 표기된 자산에는 실질자산, 부실자산, 겸업자산이
섞여 있습니다.

자산 = 부실자산 : 실재하지 않는 가공의 자산, 회수할 수 없는 자산 등

겸업자산 : 건설업에 사용하지 않거나, 다른 사업에 제공된 자산

실질자산 : 건설업에 사용하는 자산

심사 과정에서 부실자산과 겸업자산을 제외하고, 실질자산만을 남깁니다.

실질자산

자산 − 부실자산 − 겸업자산 = 실질자산

② 실질부채 평가: 순수하게 건설업에만 제공된 부채, 즉 실질부채를 평가하는 과정

부채에는 '겸업부채'가 섞여있는 반면에, 누락되거나 과소 계상된 '부외부채'가 존재할 수 있습니다.

부외부채	누락되거나, 과소 계상된 실질부채
겸업부채	다른 사업에 제공되었거나, 겸업자산과 관련된 부채
실질부채	건설업에 제공된 부채

심사과정에서 겸업부채를 제거하고, 부외부채를 더하여 실질부채를 평가합니다.

부채 − 겸업부채 + 부외부채 = 실질부채

③ 실질자본 평가: 실질자산에서 실질부채를 차감하여 실질자본을 평가

실질자산 − 실질부채 = 실질자본

결국 실질자본이란 건설업에만 온전히 사용하는 자본입니다. 건설업에만 사용하는 자산에서 건설업에만 제공된 부채를 차감하여 계산하기 때문입니다.

④ 판정

실질자본이 건설업종별 기준자본금 이상이면 통과하며, 미달이면 행정처분을 받게 됩니다.

실질자본 심사 예시

건축공사업을 영위하는 ㈜XY의 실질자본 심사 과정을 예로 들어 살펴보겠습니다.

1) 자본총계 심사

과목	제*(당)기	
	금액	
자산		8억 원
예금	4억 원	
공사 미수금	3억 원	
미수금	1억 원	
부채		2억 원
매입채무	1억 원	
임대보증금	1억 원	
퇴직급여 부채	−	
자본총계		6억 원
자본금	5억 원	
이익잉여금	1억 원	

[㈜XY 재무상태표(2018.12.31)]

㈜XY의 2018.12.31 기준 재무상태표(결산서)에서 자본총계를 보아야 합니다. 자본총계가 건축공사업(법인) 기준자본금 5억 원 이상이 되어야 하는데, ㈜XY의 자본총계는 6억 원이므로 통과합니다.

2) 실질자본 심사

이번에는 실질자산과 실질부채를 평가하여 실질자본을 산정하여야 합니다.

과목	제*(당)기	
	금액	
자산		8억 원
예금	4억 원	
공사 미수금	3억 원	
미수금	1억 원	
부채		2억 원
매입채무	1억 원	
임대보증금	1억 원	
퇴직급여 부채	–	
자본총계		6억 원
자본금	5억 원	
이익잉여금	1억 원	

[㈜XY 재무상태표(2018.12.31)]

① 실질자산 평가

먼저 자산에서 실질자산과 부실자산, 겸업자산을 구분 평가해야 합니다.

– 예금(4억 원): 은행에 회사 명의로 예치하고 있음(실질자산)

- 공사 미수금(3억 원): 발생한 지 2년이 경과하도록 회수하지 못함(부실자산)

- 미수금(1억 원): 임대사업에서 발생한 임대료 미수금(겸업자산)

따라서 부실자산과 겸업자산을 제외하면, 자산 8억 원 중 실질자산은 예금 4억 원뿐입니다.

자산(8억 원) – 부실자산(3억 원) – 겸업자산(1억 원) = 실질자산(4억 원)

② 실질부채 평가

- 매입채무(1억 원): 하도급 공사대금(실질부채)
- 임대보증금(1억 원): 임대부동산 보증금(겸업부채)
- 퇴직급여부채: 1억 원의 퇴직급여 추계액을 계상하여야 함에도 재무상태표에는 누락함(부외부채)

즉 겸업부채를 제외하고, 부외부채를 더하면 실질부채는 2억 원입니다.

부채(2억 원) - 겸업부채(1억 원) + 부외부채(1억 원) = 실질부채(2억 원)

③ 실질자본 평가

실질자산에서 실질부채를 차감한 실질자본은 2억 원이 됩니다.

실질자본이 2억 원이므로 건축공사업 기준자본금(5억 원)에 미달하게 됩니다.

㈜XY는 실질자본 심사 단계를 통과하지 못하였습니다. 따라서 행정처분을 받게 됩니다.

건설업체 기업진단지침

    실질자본을 평가할 때 부실자산, 겸업자산, 겸업부채를 구분 및 평가하고 부외부채를 확인해야 합니다. 그렇다면 어떠한 규정을 따라야 할까요?

    건설업체의 실질자본을 산정할 때 기준이 되는 규정은 「건설업체 기업진단지침」입니다. 「건설업체 기업진단지침」에는 부실자산과 겸업자산의 정의 및 평가, 겸업부채의 정의 및 평가, 부외부채의 평가, 겸업자본의 평가 등이 구체적으로 기술되어 있습니다. 따라서 관련 내용을 정확히 알고 있어야 평소 실질자본을 관리할 수 있으며, 실태조사에도 대비할 수 있습니다.

실질자본 기준일

「건설업체 기업진단지침」의 취지는, 건설업체가 기준자본금 이상의 실질자본을 항상(회계연도 내내) 유지해야 한다는 점입니다. 하지만 이를 항상 유지하고 있는지 확인하기는 어렵습니다. 매일 혹은 매월의 결산재무제표를 제출하고 심사할 수는 없기 때문입니다. 따라서 일정 시점, 즉 기준일을 정합니다. 정해진 기준일에 실질자본을 기준자본금 이상으로 유지한다면, 그 회계연도에는 항상 유지하였다고 간주합니다.

실태조사의 실질자본 심사 기준일은 '가장 최근의 정기연차 결산일'입니다. 예를 들어 A기업의 회계연도가 매년 1월 1일부터 12월 31일이라면, 기준일은 가장 최근의 12월 31일입니다. 또한 B기업의 회계연도가 매년 4월 1일부터 다음 연도 3월 31일이라면, 기준일은 가장 최근의 3월 31일이 됩니다.

기준일은 심사의 목적에 따라 다음과 같이 다릅니다.

- 신설법인의 신규 등록 신청: 설립등기일
- 기존법인이 건설업을 등록 신청: 등록 신청일이 속하는 달의
  직전 월말일
- 영업정지 처분의 해지: 영업정지 기간 종료일

실질자본
심사 대상 재무제표

매년 실태조사에서는 가장 최근 정기연차 결산일의 재무제표를 대상으로 실질자본 심사를 합니다. 예를 들어 2018년도에 시행하는 실태조사는 직전 연도인 2017.12.31 기준의 결산재무제표(매년 1.1 ~ 12.31이 회계기간인 업체의 경우)를 대상으로 시행합니다. 여기에서 말하는 결산재무제표는 국세청에 신고한 '정기연차 결산재무제표'를 말합니다.

서면 심사에서 실질자본 미달로 판정받은 업체 중에서는, 심사받은 재무제표에 오류가 있다는 이유로, 청문에 출석하여 수정한

재무제표를 제시하기도 합니다. 그러나 원칙적으로는 국세청에 신고한 정기연차 결산재무제표가 기준이지, 임의로 업체에서 수정한 재무제표를 기준으로 삼지 않습니다. 또한 국세청에 수정하여 신고한 재무제표도 심사 대상이 아닙니다. 다만 청문 과정에서 결산재무제표에 명백한 오류가 있다는 사실이 확인된다면, 해당 오류를 반영하여 실질자본을 판정하기도 합니다.

회계기준

실질자본 심사 대상이 되는 재무제표는 가장 최근의 정기연차 결산재무제표라 하였습니다. 그럼 어떤 기준으로 만들어진 재무제표가 심사 대상일까요? 바로 「기업회계기준」을 적용한 재무제표가 심사 대상입니다. 그러나 실태조사에서 실질자본 심사 대상이 되는 건설업체는 소규모 업체가 많습니다. 따라서 제출되는 결산재무제표는 대부분이 「법인세법」에 맞춘 재무제표입니다. 심사 대상 재무제표가 「기업회계기준」을 따르지 않았다면, 심사 과정에서 「기업회계기준」을 적용하여 자산과 부채를 조정하고 평가합니다.

중소기업이 결산을 하는 방식은 두 가지가 있습니다.

첫째, 「법인세법」에 맞추는 방식으로, 대부분의 소규모 기업이 채택하고 있습니다. 「기업회계기준」 적용 방식보다는 이익을 높이고 부채 비율을 낮추는 것이 가능하기 때문입니다.

둘째, 「기업회계기준」을 적용한 방식으로, 좀 더 엄격합니다. 왜냐하면 이익을 낮추고 부채를 크게 하는 경우가 많기 때문입니다.

회계감사 대상이 아닌 중소규모 건설업체는 「법인세법」에 맞추어 결산재무제표를 만드는 경우가 대부분입니다.

Part 3

자산의 평가
(실질자산 구분·평가)

현금

현금이란 동전, 지폐와 수표 등의 현금성자산을 포함합니다. 실재하는 현금에 일정한 요건의 금액만 실질자산으로 인정합니다. 건설현장에 지급한 전도금도 현금에 포함하여 평가합니다.

1) 현금

현금은 실재하는 금액만 실질자산입니다. 단 실재하는 현금 중에서도 자본총계의 1%를 초과하는 금액은 부실자산입니다. 예를 들어 ㈜XY의 재무상태표가 다음과 같다면, 현금 중 실질자산은 얼마일까요?

과목	제*(당)기	
	금액	
자산		***
현금	1천만 원	
***	***	
부채		***
자본총계		6억 원

[㈜XY 재무상태표(2018.12.31)]

자본총계의 1%^(6백만 원)를 초과하는 현금 4백만 원은 부실자산입니다.

현금(1천만 원) – 자본총계(6억 원) * 1% = 부실자산(4백만 원)

결국 현금 중 6백만 원만 실질자산으로 인정됩니다.

현금(1천만 원) – 부실자산(4백만 원) = 실질자산(6백만 원)

단 현금 1천만 원이 실재하는 것이 조건입니다. 실재하지 않는다면, 현금 1천만 원 전액이 부실자산입니다. 이처럼 조건이 까다로운 이유는, 현실적으로 건설업체가 큰 규모의 현금을 보유하는 경우가 드물며, 가공의 현금이 재무상태표에 표시되는 경우가 있기 때문입니다.

TIP 실제 회사가 현금을 많이 보유하고 있다면, 기말에는 은행 예금에 입금시켜야 합니다. 그래야 실제 현금이 있음에도 불구하고 부실자산으로 판정되는 일을 피할 수 있습니다.

2) 전도금

대부분의 건설업체가 현장 경비 등의 사용 목적으로 전도금을 현장에 보유(현장소장 개인명의 예금 등)하고 있습니다. 실질자본 심사에서 전도금은 현금과 동일하게 취급합니다. 즉 현금과 전도금을 합한 금액 중 자본총계의 1%를 초과한 금액은 부실자산입니다.

예를 들어 ㈜XY의 결산서가 다음과 같다면, 현금과 전도금 중 실질자산으로 인정받을 수 있는 금액은 얼마일까요?

| 과목 | 제*(당)기 | |
	금액	
자산		***
현금	1천만 원	
전도금	1천만 원	
부채		***
자본총계		6억 원

[㈜XY 재무상태표(2018.12.31)]

현금과 전도금을 합한 2천만 원 중 자본의 1%(6백만 원)를 초과하는 금액인 1천 4백만 원은 부실자산입니다.

현금(1천만 원) + 전도금(1천만 원) − 자본총계(6억 원) * 1%

= 부실자산(1천 4백만 원)

결국 현금과 전도금을 합한 금액 중 6백만 원만 실질자산으로 인정됩니다.

현금(1천만 원) + 전도금(1천만 원) − 부실자산(1천 4백만 원)

= 실질자산(6백만 원)

TIP 공사 현장에 정산하지 않은 전도금이 남아있다면, 기말에는 본사로 회수하여 은행예금에 입금시켜야 합니다. 그래야 전도금이 부실자산으로 판정되는 일을 피할 수 있습니다.

「건설업체 기업진단지침」(2018.6.26)의 현금 부분 참조

제14조(현금의 평가)

① 현금은 전도금과 현금성자산을 포함하며 예금은 제외한다.

② 현금은 진단자가 현금실사와 현금출납장 등을 통하여 확인한 금액만 인정한다. 다만 진단을 받는 자가 제시한 재무제표 자본총계의 100분의 1을 초과하는 현금은 부실자산으로 본다.

예금

예금은 보통예금, 당좌예금, 정기예금, 정기적금, 기타금융상품 (CD, CMA, MMF) 등을 말합니다. 예치 기간 등에 따라 재무상태표에 보통예금, 단기금융상품, 장기금융상품 등으로 표시됩니다.

1) 금융기관 실명 예치

예금은 실재하며, 건설업체 명의로 금융기관에 예치한 것만 실질자산입니다. 이를 확인하는 절차로, 기준일 현재 금융기관의 '잔액증명서'를 제출하여야 합니다. 잔액증명서를 제출하지 못하는 예금은 실재하지 않는 가공의 자산으로 보아 부실자산으로 평가합니다. 결산서에 표시된 예금에 대해 잔액증명서 없이, 증서(표지어음 등)를 제시하는 경우에도 실질자산으로 인정받지 못합니다. 타인 명의의 예금, 혹은 무기명예금도 실질자산이 아닙니다.

2) 일시예금

건설업체 중에서는, 특수관계자(경영자 등)에 대한 가지급금이 있는 경우가 많습니다. 특수관계자에 대한 가지급금은 대표적인 부실자산입니다. 따라서 기말에 즈음하여 일시적으로 예금으로 회수하여 실질자산으로 인정받은 후, 다음 연도 초에 다시 가지급금으로 인출하는 경우가 빈번합니다. 이렇게 가지급금 등 부실자산(or 겸업자산)을 예금으로 회수한 후 60일 이내에 다시 부실자산(or 겸업자산)으로 출금한다면, 다시 출금된 금액만큼의 기말 시점 예금잔액은 부실자산입니다.

예를 들어 ㈜XY가 가지급금 1억 원을 2018.12.30에 예금으로 회수합니다. 그러면 2018.12.31 재무상태표에는 예금 1억 원이 표기됩니다. 이후 2019.2.25에 4천만 원을 다시 경영자가 인출하였다면, 기준일의 예금 1억 원 중 실질자산은 얼마일까요?

가지급금 회수 후 60일 이내에 재인출한 4천만 원은 부실자산입니다. 따라서 기준일의 예금 1억 원 중 실질자산은 6천만 원입니다.

예금(1억 원) - 부실자산(4천만 원) = 실질자산(6천만 원)

특수관계자에 대한 자금 대여액은 가지급금, 대여금, 주임종단기채권 등 여러 가지 명칭으로 표기하기도 합니다.

 기말에 즈음하여 가지급금 등의 부실자산(or 겸업자산)을 예금으로 회수하는 것은 문제가 없습니다. 다만 그렇게 회수하였다면, 60일간은 가지급금 등 부실자산(or 겸업자산)으로 다시 출금해서는 안됩니다. 간혹 60일 이내 출금 제한 규정으로 인해 운영자금 지출 등도 금지하는 것으로 오해합니다. 하지만 정상적인 운영활동(급여지급, 경비, 매입채무 지급 등)이나 실질자산을 취득하기 위하여 출금하는 것은 인정됩니다.

3) 사용이 제한된 예금

특수관계자(경영자 등)로부터 가지급금(대여금)을 회수할 때, 개인 자금이 아닌 제3자로부터 차입하여 입금하는 경우가 있습니다. 이 경우 차입처의 요청으로 일시적으로 사용 제한을 두기도 합니다. 예금 중 사용이 제한된 금액(질권 설정 등)은 겸업자산으로 보아 실질자산에서 제외합니다.

간혹 이러한 규정을 피하기 위하여 기준일 시점에만 잠시 질권 등을 해제하는 경우도 있습니다. 하지만 실질자본 심사에서는 사용이 제한된 시점을, 기준일 현재뿐만 아니라 기준일 전후 60일 기간도 포함하여 확인합니다. 즉 60일의 기간 중 일시적으로 사용이 제한되어 있다면, 겸업자산으로 판정받을 수 있습니다.

예를 들어 ㈜XY가 가지급금 2억 원을 2018.12.25에 예금으로 회수합니다. 이 과정에서 해당 예금에 질권을 설정한다면 (2018.12.30~2019.1.1 3일간 일시적으로 해제), 예금 2억 원은 실질자산으로 인정받을 수 있을까요?

예금 2억 원은 사용이 제한된 예금으로 겸업자산으로 판정받을 수 있습니다. 한편 차입금 등으로 사용이 제한된 예금도 겸업자산입니다. 단 관련 차입금도 겸업부채이므로 실질부채에서 제외합니다.

사용이 제한된 예금 중에는 실질자산도 있습니다. 건설업 수행과 관련된 보증기관(건설공제조합 등)의 질권 설정 예금액은 실질자산입니다. 건설업 수행을 위해 불가피하게 설정된 사용 제한이기 때문입니다.

TIP 금융기관의 '잔액증명서'에는 질권(해제) 등의 내역이 표시됩니다. 실질 자본 심사에서는 이를 확인하므로, 가지급금 등의 부실자산 회수는 정상 적인 방식으로 하여 사용제한 예금이 없어야 합니다.

4) 평균잔액

지금까지의 내용을 요약하면, 예금이 실질자산이 되기 위해서는 3가지 요건을 갖추어야 합니다. 첫째로 건설업체 명의로 금융기관 에 예치할 것, 둘째는 일시 예금이 아닐 것, 셋째는 사용 제한이 되 지 않을 것입니다. 여기에 한 가지 더, 30일 평균잔액과 비교하여 야 합니다. 기준일 예금 잔액과 30일 평균잔액 중 적은 금액을 실 질자산으로 평가합니다.

$$Min(예금 \ 잔액, \ 30일 \ 평균잔액)$$

예를 들어 ㈜XY의 2018.12.31 재무상태표에 예금(1계좌) 1백만 원이 있고 예금 잔액의 변화가 다음과 같다면, 예금 중 실질자산은 얼마일까요?

일자	출금	입금	잔액
2018.12.2			1,000,000원
~			1,000,000원
2018.12.31			1,000,000원
2019.1.1	500,000원		500,000원
2019.1.2			500,000원
2019.1.3			500,000원

재미있게도 30일 기간은 선택할 수 있습니다. 2018.12.5~ 2019.1.3(30일)을 선택한다면, 평균잔액은 950,000원입니다.

30일 잔액 합계(28,500,000원) ÷ 30 = 평균잔액(950,000원)

결국 예금의 실질자산 평가액은 950,000원이 됩니다.

Min(예금 잔액 1,000,000원, 30일 평균잔액 950,000원)

만약 2018.12.2~ 2018.12.31(30일)로 한다면, 평균잔액은 1,000,000원이며,

30일 잔액 합계(30,000,000원) ÷ 30 = 평균잔액(1,000,000원)

예금의 실질자산 평가액은 1,000,000원이 됩니다.

Min(예금 잔액 1,000,000원, 30일 평균잔액 1,000,000원)

30일 평균잔액을 계산할 때는, 반드시 기준일을 포함하고(위의 예시에서도 2018.12.31은 어떤 경우에도 포함), 모든 예금계좌에 동일한 기간을 적용합니다.

 TIP 가공의 예금, 일시예금, 사용제한 예금 등이 없다면, 실태조사에서는 기말 예금 잔액이 그대로 실질자산으로 평가되는 것이 일반적입니다.

5) 무기명식 금융상품

표지어음, 양도성예금증서 같은 금융상품의 공통점은 무엇일까

요? 바로 무기명식 금융상품입니다. 무기명식 금융상품은 잔고증명서가 교부되지 않으며, 실제 소유자를 확인하기도 어렵습니다. 이런 이유로 기말에 실재하지 않는 장부상의 부실자산(가공의 예금, 가지급금 등)을 감추기 위한 용도로 사용하는 경우가 있습니다. 따라서 이를 방지하고자 실질자본 심사 과정에서 무기명식 금융상품은 실물을 제시하더라도 부실자산으로 판정합니다.

 TIP 금융상품은 건설업체 명의로 금융기관 계좌에 보관하여야 하고, 잔고증명서가 있어야 실질자산으로 인정된다는 점을 명심하여야 합니다.

「건설업체 기업진단지침」(2018.6.26)의 예금 부분 참조

제15조(예금의 평가)

① 예금은 진단을 받는 자의 명의로 금융기관에 예치한 장단기 금융상품으로 요구불예금, 정기예금, 정기적금, 증권예탁금 그 밖의 금융상품을 말한다.

② 예금은 다음 각 호에 따라 평가한다.

   1. 예금은 진단기준일을 포함한 30일 동안의 은행거래실적 평균잔액으로 평가하며, 이 경우 30일 동안의 기산일과 종료일은 전체 예금에 동일하게 적용하여야 한다. 다만 예금의 평가금액은 진단기준일 현재의 예금잔액을 초과할 수 없다.

   2. 제1호 본문에도 불구하고 신설법인의 경우 은행 거래실적 평균잔액의 평가 기간은 진단기준일부터 진단일 전일까지로 한다.

   3. 진단기준일 현재 보유하던 실질자산을 예금으로 회수하거나 진단기준일 후 실질자산의 취득 또는 실질부채의 상환을 통하여 예금을 인출한 경우에는 이를 가감하여 은행거래실적 평균잔액을 계산할 수 있다.

③ 다음 각 호의 경우는 부실자산으로 처리하여야 하고 제2항에 따른 은행거래실적 평균잔액을 계산할 때에도 이를 제외하여야 한다.

   1. 진단기준일 현재 진단을 받는 자 명의의 금융기관 예금잔액증명과 진단기준일을 포함한 60일간의 은행거래실적증명(제2항 제2호의 경우에는 진단기준일부터 진단일까지 기간의 은행거래실적증명을 말한다)을 제시하지 못하는 경우. 다만 은행거래실적증명이 발급되지 않는 금융상품의 경우에는 금융기관으로부터 발급받은 거래 사실을 증명하는 다른 서류로 갈음할 수 있다.

   2. 예금이 이 지침에서 부실자산이나 겸업자산으로 보는 자산을 회수하는 형식으로 입금된 후 진단기준일을 포함한 60일 이내에 그 일부 또는 전부가 부실자산이나 겸업자산으로 출금된 경우.

④ 질권 설정 등 사용 또는 인출이 제한된 예금(진단 대상 사업의 수행을 위해 보증기관이 선급금보증, 계약보증 등과 관련하여 예금에 질권을 설정한 경우는 제외한다)은 겸업자산으로 보며, 제2항에 따른 은행거래실적 평균잔액을 계산할 때에도 이를 제외하여야 한다. 이 경우 겸업자산으로 보는 예금과 직접 관련된 차입금 등은 겸업부채로 처리한다.

⑤ 진단을 받는 자는 진단기준일 현재 예금이 예치되거나 차입금이 있는 금융기관별로 금융거래확인서를 발급받거나 전체 금융기관에 대한 신용정보조회서를 발급받아 진단자에게 제출하고 진단자는 부외부채 유무를 검토하여야 한다.

제13조(부실자산 등)

① 다음 각 호의 자산은 부실자산으로 처리하여야 한다.

(중략)

3. 다음 각 목에 해당하는 자산. 다만 이 지침에 따라 진단대상사업의 실질자산으로 평가된 자산은 제외한다.

가. 무기명식 금융상품.

유가증권

유가증권은 주식과 채권, 출자금^(공제조합)을 말합니다. 결산서에는 단기매매증권, 매도가능증권, 만기보유증권, 지분법적용투자주식, 출자금 등 다양한 명칭으로 표기합니다. 유가증권은 명칭과 상관없이 그 실질을 기준으로 실질자산 여부를 따집니다.

1) 상장주식

상장주식은 실질자산입니다. 건설업에 직접 사용하는 자산이 아님에도 인정하는 이유는 무엇일까요? 언제든 자유로이 사고팔 수 있기 때문에, 여유자금 운용 목적으로 보유하는 것을 인정하기 때문입니다. 단 상장주식이 실질자산으로 인정받기 위해서는 다음의 조건을 모두 갖추어야 합니다.

첫째, 한국금융투자협회 회원사[1]에 예치하여야 합니다. 실질자본 심사에서는 잔고증명서를 제출하여 증명해야 합니다.

둘째, 기준일 현재 시점에 사용(인출) 제한이 되어있지 않아야 합니다. 만약 사용이 제한되어 있다면 겸업자산입니다. 사용이 제한된 예금과 동일합니다.

셋째, 기준일 이후 매도하였다면, 매도 일로부터 60일 이내에 부실자산이나 겸업자산으로 출금되어서는 안됩니다. 만약 매매 대금 입금 후 60일 이내에 가지급금 등으로 인출하면, 기준일 시점의 유가증권은 부실자산으로 평가합니다. 일부 건설업체가 일시적으로 빌린 자금으로 상장주식을 매입하여 기준일의 실질자본을 맞추고 난 후, 기준일이 지나면 매도하여 빌린 자금을 상환하는 편법을 막기 위함입니다.

또한 상장주식은 시장가격이 항상 변하므로, 기준일 시점의 시장가격(잔고증명서상 금액)을 실질자산가액으로 합니다.

---

1. 증권사, 자산운용사 등.

TIP 상장주식은 반드시 한국금융투자협회 회원사에 예치하고 잔고증명서로 이를 증명하여야 합니다. 기준일에 상장주식을 보유하고 있다가 기준일이 지나 매도하였다면, 예입된 매매 대금은 반드시 실질자산을 취득하거나, 정상적인 운용자금 등으로 사용하여야 합니다.

2) 비상장주식

비상장주식은 겸업자산입니다. 건설업체가 보유한 비상장주식 중 가장 흔한 사례는 다음과 같습니다.

- 관계회사(비상장사)의 주식
- 타 건설회사(비상장사)의 주식
- 시행사 등 부동산개발회사의 주식
- 공동도급에 따라 연대보증 등을 위해 취득한 다른 건설사의 주식
- 기타 비상장사 주식

위의 주식을 포함하여 비상장주식은 모두 겸업자산입니다. 만약 비상장주식을 금융기관(한국금융투자협회 회원사)에 보관하고 잔고증명서를 제시하면 어떨까요? 이런 경우에도 비상장주식은 실질자산이 될 수 없습니다.

TIP 대규모의 자금을 비상장사인 관계회사 등의 주식 취득에 사용하여, 실질 자본 미달로 판정받는 업체가 드물지 않게 있습니다. 비상장주식은 겸업 자산이라는 사실을 명심하여야 합니다.

3) 특수목적법인의 지분증권

드문 경우이지만, 특수목적법인(PFV 등)의 지분증권을 보유한 경우가 있습니다. 특정 건설사업의 수행을 위하여 계약상 취득하는 특수목적법인의 지분증권은 실질자산이 될 수 있습니다. 주의할 점은 특수목적법인의 지분증권이 모두 실질자산은 아닙니다. 반드시 특정 건설사업을 수행하기 위한 목적으로 취득하여야 합니다. 즉 특수목적법인의 개발사업에 시공사로 참여하여 직접 건설사업을 수행하기 위한 목적으로 그 지분을 취득하였을 경우에만 실질자산으로 인정합니다.

단순히 특수목적법인의 개발사업에 투자하여 이익을 얻을 목적으로 지분을 취득하였다면(해당 개발사업의 시공사로 참여하지 않는다면), 이는 투자 목적이므로 해당 지분증권은 겸업자산입니다.

그렇다면 부동산개발사업에 시공사로 참여하기 위하여 취득한 부동산개발회사(비상장사)의 지분증권은 어떨까요? 일반 부동산개발회사(비상장사) 지분을 취득하였더라도 이러한 지분증권은 실질자산이 아닌 겸업자산입니다

4) 공제조합 출자금

진단 대상 사업과 관련된 공제조합 출자금은 실질자산입니다. 대표적으로 대한건설협회 '출자금'이 있습니다. 유의할 점은, 출자금

은 매년 그 가액이 달라지므로, 기준일에 평가한 가액이 실질자산입니다. 회계연도 말 기준 '출자좌수확인원'의 평가액(좌당평가금액＊출자좌수)을 재무상태표에 출자금으로 표기하여야 합니다.

 TIP 일반적으로 출자금의 평가액은 매년 증가하므로, 기준일 평가액으로 재무상태표에 표기하면 실질자본을 증가시킬 수 있습니다.

5) 채권

건설업체가 취득하는 채권은 공사 시공의 필수조건으로 취득하는 국공채가 많습니다. 대부분은 취득과 동시에 즉시 매도합니다. 자금의 유동성이 부족하기 때문에 채권의 만기까지 오랫동안 보유할 여유가 없기 때문입니다. 드물게 단기간 투자 목적으로 금융기관을 통해 일반채권(금융채, 회사채 등)을 매입하는 경우도 있을 수 있습니다. 채권이 실질자산이 되기 위해서는 다음의 조건을 모두 갖추어야 합니다.

첫째, 한국금융투자협회 회원사에 예치하여야 합니다. 실질자본 심사에서는 잔고증명서를 제출하여 증명해야 합니다. 만약 ○○캐피탈, ○○파이낸스 등 한국금융투자협회 회원사가 아닌 곳에 보관하고 잔고증명서를 제출한다면 겸업자산으로 판정될 수 있습니다.

둘째, 기준일 현재 시점에 사용(인출) 제한되어 있지 않아야 합니다. 만약 사용이 제한되어 있다면 겸업자산입니다.

셋째, 기준일 이후 매도하였다면, 매도 일로부터 60일 이내에 부실자산이나 겸업자산으로 출금되어서는 안됩니다.

위와 같이 다소 엄격한 조건을 만족시켜야 하는 이유는 상장주식과 동일합니다. 부실자산(가지급금 등)에 의한 실질자본 부족을 피하기 위한 편법으로 가공의 채권을 활용하는 사례가 많기 때문입니다. 채권(금융채, 회사채 등) 역시 시장가격이 항상 변하므로, 기준일 시점의 시장가격(잔고증명서상 금액)을 실질자산가액으로 합니다.

 TIP 채권이 있다면, 금융기관에 예치하여야 합니다. 그런데 건설공사와 관련하여 매입한 국공채를 건설업체 내에 보관하고 있다면 어떨까요? 「건설업체 기업진단지침」에서는 금융기관의 잔고증명서를 통해 증명한 채권만 실질자산으로 규정하고 있습니다. 그러나 실제 건설업과 관련하여 취득·보유하고 있다는 사실을 고려한다면, 실물과 함께 '매입증서' 또는 '취득영수증(취득자 기재)'을 제시할 경우 실질자산으로 인정할 수도 있다고 봅니다. 개인적인 의견입니다.

제7조(실질자본에 대한 입증서류, 확인 및 평가 등)

② 실질자본에 대한 확인과 평가는 다음 각 호에 의한다.

1. 계정명세서를 확인하여 무기명식 금융상품, 실재하지 않거나 출처가 불분명한 유가증권, 가지급금, 대여금, 미수금, 미수수익, 선급금, 선급비용, 선납세금, 재고자산, 부도어음, 장기성 매출채권 및 무형자산은 부실자산으로 분류하고, 비상장 주식과 임대 또는 운휴 중인 자산은 겸업자산으로 분류한다. 다만 이 지침의 다른 조항에 따라 실질자산으로 인정되는 것은 제외한다.

(중략)

7. 시장성 있는 유가증권과 금융기관에 보관 중인 유가증권에 대해서는 금융기관의 잔고증명서를 확인하여 사실과 다르거나 시가를 초과하는 금액은 부실자산으로 본다.

제16조(유가증권의 평가)

① 유가증권은 보유 기간 또는 보유 목적에 따라 단기매매증권, 매도가능증권, 만기보유증권 및 지분법적용투자주식으로 구분되는 지분증권과 채무증권으로 구분된다.

② 다음 각 호를 제외한 유가증권은 겸업자산으로 본다.

1. 특정 건설사업의 수행을 위하여 계약상 취득하는 특수 목적 법인의 지분증권.

2. 진단 대상 사업과 관련된 공제조합 출자금.

3. 한국금융투자협회 회원사로부터 발급받은 잔고증명서를 제출한 유가증권.

③ 제2항의 유가증권은 다음 각 호에 따라 평가한다.

1. 제2항 제1호의 지분증권은 계약서, 출자확인서, 금융자료 등으로 확인한

취득원가로 평가한다.

2. 제2항 제2호 및 제3호의 출자금 및 유가증권은 진단기준일 현재의 시가로 평가한다.

3. 제2항 제3호의 유가증권이 진단기준일 현재 사용 또는 인출이 제한된 때에는 겸업자산으로 보며, 이 경우 겸업자산으로 보는 유가증권과 직접 관련된 차입금 등도 겸업부채로 처리한다.

4. 제2항 제3호의 유가증권이 진단기준일 이후 매도되어 예입된 매매 대금이 입금 후 60일 이내에 그 일부 또는 전부가 부실자산이나 겸업자산으로 출금 또는 유지된 경우에는 부실자산으로 본다.

매출채권

    건설업체의 매출채권은 '공사미수금'과 '분양미수금'이 있습니다. 공사미수금은 도급공사에 대해 기성고 청구액(매출세금계산서 발행액)과 진행기준에 의하여 계상한 금액을 포함합니다. 분양미수금은 자체의 신축분양과 관련한 채권입니다. 매출채권은 건설업체의 자산에서 차지하는 비중이 크므로, 실질자본 심사에서도 가장 많이 다루어지는 자산입니다. 매출채권이 실질자산이 되기 위해서는 두 가지 조건을 만족해야 합니다.

    첫째, 건설업과 관련하여 발생한 채권이어야 합니다. 건설업과 관련되지 않았다면 겸업자산입니다.

    둘째, 기준일 시점에 회수가 가능해야 합니다. 거래처의 부도 등으로 인해 회수가 어려울 것으로 예상되는 금액(대손충당금)은 실질자산에서 제외합니다.

1) 장기매출채권

① 부실자산

장기간 회수가 되지 않은 매출채권은 실질자본 심사에서 가장 빈번하게 다루어지는 사례입니다. 「건설업체 기업진단지침」에서는 발생일로부터 2년이 경과하도록 회수하지 못한 채권은 부실자산으로 규정하였습니다. 2년이 경과하도록 회수하지 못하였다면, 앞으로도 회수할 가능성이 없다고 보는 것입니다. 여기에서 2년 경과의 시작과 끝은 발생일(매출세금계산서 발행일)부터 기준일까지입니다.

예를 들어 ㈜XY의 2018.12.31 기준 매출채권(공사미수금)이 다음과 같이 3백만 원이라면 이 중에서 실질자산은 얼마일까요?

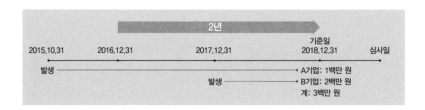

A기업의 매출채권 1백만 원은 발생일로부터 2년이 경과하였으므로 부실자산입니다. 반면 B기업의 매출채권 2백만 원은 발생일로부터 2년이 경과하지 않았으므로 실질자산입니다. 재미있는 사실이 하나 있습니다. 만약 B기업의 2백만 원(2년 미만)이 기준일(2018.12.31) 이후 부도 등으로 회수하지 못할 채권이 되었다면 어떨까요? 그렇더라도 2018.12.31 시점에서는 실질자산입니다. 왜냐하면 매출채권의 실질자산 여부는 기준일 시점에서만 판단하기 때문입니다.

기준일까지 2년이 경과할 동안 회수하지 못한 채권은 실질자산으로 인정받기 어렵다고 하였습니다. 그러나 기준일까지는 회수하지 못하였지만, 심사일(or 청문일) 전에는 회수하였다면 어떨까요?

「건설업체 기업진단지침」에는 장기채권 중 기준일 이후 회수한 채권에 대한 명확한 규정은 없습니다. 개인적 의견이지만, 「건설업체 기업진단지침」의 취지(2년이 경과하면 회수할 가능성이 없을 것으로 추정)를 고려하면, 실제로 회수하였기 때문에 실질자산으로 인정될 수도 있다고 봅니다. 따라서 실질자본 심사에서 적극적으로 실질자산으로 주장할 필요가 있습니다.

② **실질자산**

앞서 기준일까지 2년이 경과할 동안 회수하지 못한 채권은 부실자산이라고 하였습니다. 다만 그러한 경우에도 다음의 채권은 실질자산으로 인정합니다.

- 국가, 지방자치단체 또는 공공기관에 대한 채권
- 소송과 관련한 채권으로, 법원 판결 등에 의해 금액이 확정되었거나, 소송이 진행 중인 채권. 단 담보의 제공이 있으며, 회수할 수 있는 채권금액
- 「채무자 회생 및 파산에 관한 법률」에 따라 법원이 인가한 회생 계획에 따라 변제 확정된 회생채권

위에서 열거한 채권의 공통점은 무엇일까요? 바로 회수할 가능성이 크다는 점입니다. 발생일부터 2년이 경과할 동안 회수하지 못한 채권일지라도, 상기와 같은 조건을 만족시켜 회수할 가능성이 크다면 실질자산으로 인정합니다.

실질자본 심사에서 가장 많은 사례는 '소송과 관련한 채권'입니다. 적지 않은 건설업체가 공사 대금을 회수하지 못하여 발주처와 법률 소송을 벌이는 경우가 있습니다. 회사는 소송이 진행 중이거나 확정판결을 받은 채권을 실질자산이라고 주장하게 됩니다. 그러나 어떤 경우에도 담보가 설정되어 있지 않다면 인정받기 어렵습니다. 이유는 회수 가능성 때문입니다. 채무자의 재산에 담보 설정 등이 되어있지 않다면, 확정 판결을 받았더라도 회수 가능성이 낮다고 봅니다.

담보 설정이 되어 있더라도 담보물에 대한 평가액이 채권금액보다 적을 경우, 평가액만을 실질자산으로 합니다. 그리고 선순위채권이 따로 있다면 그 금액을 제외한 금액만을 인정합니다.

 담보가 제공되지 않은 매출채권에 대해 소송 중이거나 확정 판결을 받았다면, 채무자의 재산에 압류(가압류 포함) 등을 설정하여야 합니다. 그래야 실질자본 심사에서 실질자산으로 주장할 수 있습니다.

2) 미청구채권

대부분의 소규모 건설업체는, 공사 대금을 청구(매출세금계산서 발행)하면서 공사 수입과 공사미수금(매출채권)을 재무제표에 계상합니다. 그렇다면 공사대금을 청구하지 않고도 공사 수입과 공사미수금(미청구채권)을 재무제표에 계상할 수 있을까요? 할 수 있습니다. 이를 '진행기준에 의해 계상한 매출채권'이라 합니다.

설명하면 이렇습니다. ㈜XY가 2018.7.1에 도급공사 계약(3억 원)을 체결하고 바로 착공합니다. 예상 공사 기간은 2018.7.1~2019.6.29이며, 예상 총 공사비는 2억 원입니다.

2018.7.1	기준일 2018.12.31	2019.6.29

2018.7.1~12.31 발생한 공사비가 1억 원이라면, 2018.12.31

기준일의 공사 진행률은 50%입니다.

$$\frac{발생원가\ 1억\ 원}{총\ 예정원가\ 2억\ 원} = 50\%$$

2018년도 공사 수입은 얼마로 잡아야 할까요? 진행률이 50%이므로, 공사 수입도 50%인 1억 5천만 원이어야 합니다.

도급액 3억 원 * 50% = 1억 5천만 원

기준일(2018.12.31)의 공사 수입과 공사원가는 다음과 같습니다.

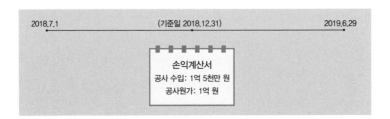

만약 2018.12.1에 기성고를 청구(매출세금계산서 1억 원 발행)하여 1억 원의 공사 수입과 공사미수금이 이미 있다면, 5천만 원의 공사 수입과 공사미수금(미청구채권)을 추가합니다.

총 공사 수입(1억 5천만 원) - 기청구액(1억 원) = 미청구액(5천만 원)

그 결과 기준일(2018.12.31)의 공사미수금은 다음과 같습니다.

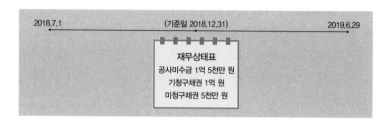

진행기준(진행률)을 적용한 공사미수금(미청구채권)은 실질자산입니다. 이렇듯 일반적인 진행기준은 총 예정원가 대비 실제 발생원가의 비율만큼 공사 수입도 인식하는 방식입니다.

주의하여야 할 점은, 진행기준 적용 시 당해 연도에 발생한 공사비용은 모두 공사원가로 산입해야 합니다. 즉 진행기준을 적용하면서 재무상태표에 '미완성공사(재고자산)'가 나타나서는 안됩니다('미완성공사'에 대한 자세한 내용은 재고자산 부분 참조).

 미청구채권을 실질자산으로 인정받기 위해서는, 우선 공사원가를 현장별로 집계해야 합니다. 진행률은 공사 현장마다 각각 계산하여야 하기 때문입니다. 즉 현장별로 '공사원가명세서'를 별도로 작성하고, 진행률을 계산한 과정을 총 예정원가, 투입공사비 등의 증명과 계산 내역 등으로 상세히 소명하여야 실질자산으로 인정받을 수 있습니다.

「건설업체 기업진단지침」(2018.6.26)의 매출채권 부분 참조

제17조(매출채권과 미수금 등의 평가)

① 매출채권은 공사미수금과 분양미수금으로 구분되고, 거래 상대방에게 세무자료에 의하여 청구한 것과 진행기준에 의하여 계상한 것을 포함하며 대손충당금을 차감하여 평가한다. 다만 진단 대상 사업과 무관한 매출채권은 겸업자산으로 본다.

② 세무자료에 의하여 청구한 매출채권은 계약서, 세금계산서, 계산서의 청구와 금융자료에 의한 회수내역을 통하여 검토하며 필요한 경우에는 채권조회를 실시하여 확인하여야 한다.

③ 진행기준에 의하여 계산한 매출채권은 제2항에 따른 계약서 등을 통한 평가에 추가하여 진행률의 산정이 적정한지를 평가하여야 한다.

④ 다음 각 호를 제외하고 발생일로부터 2년 이상을 경과한 매출채권과 미수금 등 받을채권(이하 '받을채권'이라 한다)은 부실자산으로 본다.

　1. 국가, 지방자치단체 또는 공공기관에 대한 받을채권. 이 경우 제25조에 따른 관련 부채를 차감하여 평가하여야 한다.

　2. 법원의 판결 등에 의하여 금액이 확정되었거나 소송이 진행 중인 받을채권. 이 경우 다음 각 목에 따라 평가하여야 한다.

　　가. 채권 회수를 위한 담보의 제공이 없는 경우에는 전액 부실자산으로 본다.

　　나. 채권 회수를 위한 담보의 제공이 있는 경우에는 그 제공된 담보물을 통하여 회수 가능한 금액을 초과하는 금액을 부실자산으로 본다.

　3. 「채무자 회생 및 파산에 관한 법률」에 따라 법원이 인가한 회생 계획에 따라 변제 확정된 회생채권.

⑤ 매출채권을 건물(부속토지 포함)로 회수한 경우, 그 건물은 취득한 날부터 2년간 실질자산으로 본다.

⑥ 국가와 지방자치단체에 대한 조세 채권(조세불복청구 중에 있는 금액을 포함한다)은 부실자산으로 본다. 다만 진단일 현재 환급 결정된 경우는 제외한다.

재고자산

　재고자산은 원자재, 미완성공사, 건설용지, (미)완성건물, 수목자산으로 구분할 수 있습니다. 원자재는, 기말에 사용하지 않고 보관 중인 각종 자재를 말합니다. 미완성공사는, 기말 현재 완성되지 않은 도급공사 현장에 투입된 공사 비용으로 '공사완료기준'을 적용할 때 나타납니다. 건설용지와 (미)완성건물은 자체 신축분양을 할 때 단계별로 나타납니다. 건물 신축 용도로 취득한 토지는 건물 완공 이전까지 '건설용지', 건축 비용은 완공 이전까지 '미완성건물', 완공 이후에는 건축 비용과 건설용지를 합하여 '완성건물'로 표시합니다. 수목자산은 조경 공사업체에 주로 나타나는 재고자산입니다. 원자재를 포함하여 재고자산은 취득원가(매입원가)로 평가합니다. 다만 기준일 시점의 시가가 취득원가보다 하락하였다면 시가가 실질자산가액이 됩니다. 재고자산은 실질자본 심사에서 빈번하게 부실자산으로 평가되는 자산입니다.

1) 원자재

재무상태표에 원자재(원재료)가 있다는 것은, 기준일 시점 공사 현장에 원자재가 사용되지 않고 남아있다는 의미입니다. 재무상태표에 원자재가 있다면, 일단은 부실자산으로 봅니다. 원자재가 부실자산이 아닌 실질자산이 되기 위해서는 다음의 2가지 조건을 갖추어야 합니다.

첫째, 취득일로부터 1년 이내의 원자재여야 합니다.

둘째, 기준일 현재 보유하고 있다는 사실을 증명해야 합니다. 실제 보유 사실은 증명하기가 어렵습니다. 간혹 일부 자재를 회사 창고나 공사 현장에 보관하고, 사진을 제출하며 보유 사실을 주장하는 경우가 있습니다. 그러나 사진만으로는 취득일로부터 1년 이내인 것도, 회사 소유인 것도 증명할 수 없으므로 부실자산으로 판정되는 경우가 대부분입니다. 원자재에 대해 이렇듯 까다로운 조건을 단 이유는, 일반적으로 건설업체에서 대규모의 원자재를 사용하지 않고 보관하고 있는 경우는 없기 때문입니다.

TIP 재무상태표에 있는 원자재는 부실자산이라고 생각하여야 합니다. 만약 소규모의 원자재가 실제 있다면, '재고수불부' 등으로 증명하여야 합니다. 재고수불부에는 종류, 취득 일자/수량, 사용 일자/수량, 기말 보유 수량 등이 기재되어야 하고, 현장 실사 내역 등을 별도 준비하여야 합니다. 이때에도 취득일로부터 1년 이내의 원자재만 실질자산으로 인정됩니다.

2) 미완성공사

기준일 시점에 완성되지 않은 공사 현장이 있다면, 투입된 공사 비용을 어떻게 처리할지 결정해야 합니다. '공사완료기준'을 적용하면, 당기 발생한 공사 비용은 모두 '미완성공사'로 계상할 수 있습니다.

예를 들어 ㈜XY가 2018.7.1에 도급공사 계약(3억 원)을 체결하고 바로 착공합니다.

예상 공사 기간은 2018.7.1~2019.6.29, 예상 총 공사비는 2억 원입니다.

2018.7.1	기준일 2018.12.31	2019.6.29

2018.7.1~12.31 발생한 공사비가 1억 원으로, 공사완료기준을 선택한다면, 당기 발생한 공사비 1억 원은 모두 공사원가가 아닌, 미완성공사로 표기합니다(공사가 완료되었을 때 공사원가로 대체합니다).

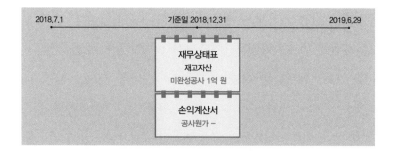

이때의 미완성공사 1억 원은 실질자산입니다. 이렇듯 공사완료
기준을 적용한 미완성공사는 실질자산입니다.

단 주의해야 할 점은, 공사완료기준은 중소기업이면서 1년 이내
단기 공사일 때만 적용이 가능합니다. 중소기업이 아니거나, 공사
기간이 1년 이상인 장기 공사 현장의 발생원가를 미완성공사로 계
상하면 부실자산입니다.

※ 공사완료기준 Vs 진행기준

기말 시점에 완공되지 않은 공사 현장에서 발생한 공사 비용은
두 가지 방식으로 회계처리를 할 수 있습니다.

첫째, 공사완료기준입니다. 위에서 설명한 것처럼, 당기 발생한
공사 비용은 모두 '미완성공사'로 계상합니다. 단 투입된 공사비를
공사원가로 처리하지 않았으므로, 공사가 완료될 때까지는 공사 수
입도 나타나서는 안됩니다. 따라서 기성금 회수액(매출세금계산서 발행

액)은 완료 시점까지 모두 선수금(부채)으로 표시합니다. 이후 공사 완성 시점에 공사원가(미완성공사 → 공사원가)와 공사 수입(선수금 → 공사 수입)을 한꺼번에 인식합니다.

둘째, 진행기준입니다. 현장에 투입된 당해 연도 공사 비용을 모두 공사원가로 처리하고, 도급계약 금액에 진행률(투입 원가 ÷ 공사 예정 원가)을 곱한 금액을 공사 수입으로 합니다. 이때 미청구채권이 생길 수 있습니다. 결국 진행기준을 적용한 공사 현장에는 미완성공사가 나타나지 않습니다(매출채권의 2) 미청구채권 참조).

중소건설업체만이 1년 이내 단기 공사 현장에 한하여 진행기준 혹은 공사완료기준을 선택할 수 있습니다. 실질자본 심사에서 종종 문제가 되는 사례는 다음과 같습니다.

첫째, 공사완료기준을 적용하면서, 투입 비용은 미완성공사로 표시하고, 기성고 회수액은 공사 수입으로 계상한 경우입니다. 공사 완료기준과 진행기준을 동시에 적용했기 때문에 문제가 됩니다. 공사완료기준을 적용한 현장의 기성고 회수액은 선수금(부채)입니다. 따라서 공사 수입으로 계상하였다면, 심사 과정에서 공사 수입을 취소하고, 선수금으로 조정하여 평가합니다.

둘째, 진행기준을 적용하면서, 미완성공사가 있는 경우입니다.

진행기준을 적용한다면, 공사 현장에 발생한 공사 비용은 모두 당해 연도의 공사원가로 산입하여야 미완성공사가 될 수 없습니다. 진행기준을 적용한 현장의 미완성공사는 부실자산입니다. 즉 공사원가로 산입하여야 합니다.

TIP 미완성공사를 실질자산으로 인정받으려면 해당 현장의 '공사원가명세서'를 별도로 작성해야 합니다. 그래야 해당 현장의 미완성공사 금액이 정확한지 확인할 수 있으므로 공사원가명세서는 실질자산 소명에 필수적입니다. 진행기준과 공사완료기준의 적용은 다소 복잡하므로, 세무대리인 등과 상의하여 올바른 회계처리와 결산을 해야 합니다.

3) 건설용지

건설용지는, 건설업체가 자체적으로 건물(주택, 상가, 오피스텔 등)을 신축하여 분양하기 위하여 취득한 용지의 매입가액과 취득 경비를 포함합니다. 건물이 완공되기 전까지는 건설용지로 표시하고, 건물이 완공되면 건축 비용과 함께 '완성건물'로 대체합니다.

건설용지를 실제 건축물 시공을 위해 취득하였다면 실질자산입니다. 그렇지 않고 단순히 매매를 위해 취득한 토지(건물 포함)는 부동산 매매업과 관련한 겸업자산입니다. 문제가 되는 사례는 다음과 같습니다.

첫째, 건설용지를 취득 후 건물을 착공하지 못한 상태에서 여러 사정으로 부득이하게 다시 매도를 하기도 합니다. 이때 건설용지 혹은 미수금(매도 대금)은 부동산 매매업을 위한 겸업자산으로 판정받을 수 있습니다.

둘째, 건설용지를 취득 후 장기간(수년 경과) 동안 건물을 착공하지 못하고 있다면, 매매를 위한 취득으로 보아 겸업자산으로 의심될 수 있습니다.

TIP 건설용지 취득 후 장기간 건물을 착공하지 못하고 있거나 중도에 매도하였다면, 실제 건축물 시공을 위해 용지를 취득한 사실, 부득이한 사정으로 건축이 지연되고 있거나 중도에 매도하였다는 사실을 구체적 근거를 들어 소명하여야 합니다. 그래야 실질자산으로 인정받을 수 있습니다.

4) (미)완성건물

미완성건물과 완성건물은 건물(주택, 상가, 오피스텔 등)을 신축하여 분양할 때 단계별로 나타납니다. 건축에 투입된 비용은 완공 이전까지 '미완성건물', 완공 이후 분양이 이루어지기 전까지는 건축 비용(미완성건물)과 건설용지를 합하여 '완성건물'로 표기합니다.

첫째, 미완성건물인 경우 올바른 회계 처리를 통해 집계된 미완성건물은 실질자산입니다.

둘째, 완성건물인 경우 완공 후 기준일 시점의 상황에 따라 다릅니다. 먼저 공실인 부분은 실질자산입니다. 완공 후 기준일 시점에 분양하지 못하고 공실 상태로 있다면, 공실 기간에 상관없이 실질자산입니다. 임대 중인 부분은 겸업자산으로 판정받을 수 있습니다. 「건설업체 기업진단지침」에는 '판매를 위한 신축용 자산'을 임대할 경우에 대한 구체적 규정은 없으나, 임대사업에 제공된 자산으로 보아 겸업자산으로 판정합니다.

TIP 임대 중인 완성건물과 관련하여, 기준일 시점에는 일시적으로 임대 중이었으나 이후 심사일 이전에 분양을 하였다면, 실제 분양을 하였다는 사실을 통해 임대 목적 자산(겸업자산)이 아닌 실질자산이라고 소명할 필요가 있습니다.

만약 여전히 분양이 되지 않아 심사일 시점에도 부득이하게 임대하고 있는 완성건물이 있다면, 일시적인 임대일 뿐 분양을 위해 계속 노력하고 있다는 사실을 구체적 근거를 들어 실질자산으로 소명할 필요도 있습니다. 소명에도 불구하고, 임대한 부분만큼을 겸업자산으로 판정받는다면, 관련된 임대보증금과 건축을 위해 조달한 차입금(임대 면적 등의 비율 적용)을 겸업부채로 소명하여 실질부채를 줄여야 합니다.

※ 완성건물을 일시적으로 임대하였다고 겸업자산으로 보는 것은, 여러 가지 사정(부동산 경기 등)으로 분양이 어려운 회사 입장에선 억울한 상황입니다. 분양이 완료될 때까지 부득이하게 임대를 통해 자금을 조달할 수밖에 없기도 하고, 또 임대가 잘된다면 분양에도 도움이 되지만 그럼에도 불구하고 단지 임대하였다는 사실만으로 겸업자산으로 보는 것은, 이 같은 사정을 고려하지 않은 지나친 면이 있습니다.

5) 수목자산

조경공사업체의 자산 중에는 수목자산(조경수)이 큰 비중을 차지하는 경우가 많습니다. 결국 조경공사업체는 수목자산의 취득원가와 실재성 입증에 따라 실질자본을 충족하느냐 마느냐를 결정하는 경우가 생길 수 있습니다. 수목자산은 건설용 원자재와 달리 '취득일로부터 1년 이내'라는 조건 없이 장기간 보유를 인정합니다. 따라서 수목자산은 3가지(실제 취득, 취득원가, 기말 현재 보유 사실)를 증명하면 실질자산으로 인정합니다.

간혹 기준일 시점 감정평가서만을 제시하며 실질자산임을 증명하려 하는데, 감정평가서는 기준일에 실재한다는 사실만을 증명할 뿐이지, 취득 사실 및 취득원가의 입증 자료가 될 수 없습니다.

 TIP 수목자산은 재고수불대장을 작성하여 관리하는 것이 무엇보다 중요합니다. 재고수불대장에는 보관 장소에 따라 취득 내역, 사용 내역, 기말 보유 내역 등이 기재되어야 합니다. 더불어 취득증빙(계약서, 금융자료, 계산서)과 사용증빙(공사일지 등), 보유증빙(실사자료 등)도 구비하고 있어야 합니다. 감정평가서는 보유 사실의 증명은 될 수 있으나, 실질자산 인정에 필수조건은 아닙니다.

제3조(정의)

① 재고자산은 취득원가로 평가하되 시가가 취득원가보다 하락한 경우에는 시가에 의한다. 이 경우 「부동산가격공시 및 감정평가에 관한 법률」에 의한 감정평가법인이 감정한 가액이 있는 경우 그 가액을 시가로 본다.

② 원자재 및 이와 유사한 재고자산은 부실자산으로 본다. 다만 보유 기간이 취득일로부터 1년 이내인 재고자산으로서 그 종류, 취득 일자, 취득사유, 금융자료, 현장일지, 실사 등에 의하여 진단기준일 현재 진단 대상 사업을 위하여 보유하고 있음을 확인한 경우에는 실질자산으로 본다.

③ 조경공사업이나 조경식재공사업을 위한 수목자산과 주택, 상가, 오피스텔 등 진단 대상 사업과 연관이 있고 판매를 위한 신축용 자산(시공한 경우에 한함)의 재고자산은 보유 기간에 관계없이 제2항 단서에 따라 확인한 경우에는 실질자산으로 본다.

④ 진단 대상 사업에 직접 관련이 없는 재고자산과 부동산매매업을 위한 재고자산은 겸업자산으로 본다.

대여금

대여금은 차후 돌려받을 목적으로 빌려준 자금이며, 크게 두 가지로 구분합니다. 첫째는 특수관계자에 대한 대여금으로, 대표적으로 가지급금 등이 있습니다. 둘째는 특수관계자가 아닌 자에 대한 대여금입니다. 여러 목적으로 거래처 또는 발주처 등에게 지급한 대여액입니다. 대여금 역시 실질자본 심사에서 가장 빈번하게 부실자산 또는 겸업자산으로 판정받는 자산입니다.

1) 특수관계자 대여금

특수관계자는 주로 경영자, 주주 또는 관계회사 등을 말합니다. 특수관계자와 관련하여서는 다음과 같은 자금 지출이 빈번하게 일어납니다.

첫째, 경영자가 회사의 자금을 개인 명목으로 인출합니다. 일반적으로 가지급금 혹은 주임종단기채권, 대여금 등 다양한 계정과목으로 재무상태표에 표기합니다.

둘째, 경비가 지출되었으나, 지출 증빙이 없어 세무상 비용으로 처리하지 못하기도 합니다. 지출 증빙이 없는 자금 인출액은 법인세법에서 경영자가 인출한 것으로 추정하므로, 재무상태표에는 주로 가지급금으로 표기합니다.

셋째, 관계회사를 지원하기 위하여 자금을 대여합니다. 금융기관 차입금을 조달하기 어려운 관계회사를 위해 대신 차입금을 조달하여 지원하기도 합니다. 재무상태표에는 대여금으로 표시합니다.

위에서 열거한 사례는 모두 특수관계자에 대한 대여금에 해당하며, 이는 부실자산입니다. 기준일 이후에 해당 대여금을 회수하였더라도 부실자산입니다. 특수관계자에 대한 대여금은 회수 여부를 따지는 것이 아니라, 정책적 목적에서 부실자산으로 규정하였습니다. 이러한 대여금은 건설업에 실제 사용하는 자산이 아니며, 건설업체의 안정성을 해칠 수 있기 때문입니다.

– 경영자에 대한 가지급금

경영자에 대한 가지급금^(대여금)과 관련하여 실질자본 심사에서 빈번한 사례는 이렇습니다. 부족한 실질자본을 맞추기 위하여, 기말에 즈음하여 가지급금을 예금으로 회수한 후 다음 연도 초에 다시 인출하기도 합니다. 이런 경우 주의할 점은, 가지급금을 예금으로 회수한 시점부터 60일 이내에 경영자가 다시 인출한다면, 인출한 금액만큼 기준일의 예금액은 부실자산으로 봅니다.

예를 들어 ㈜XY가 가지급금 1억 원을 2018.12.30에 예금으로 회수합니다. 그러면 2018.12.31 재무상태표에는 예금 1억 원이 표기됩니다. 이후 2019.2.25에 4천만 원을 다시 경영자가 인출하였습니다.

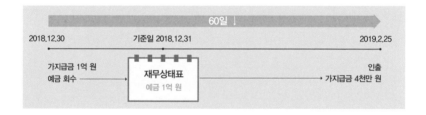

가지급금 회수 후 60일 이내에 재인출한 4천만 원은 부실자산입니다. 따라서 기준일의 예금 1억 원 중 실질자산은 6천만 원입니다.

예금(1억 원) − 부실자산(4천만 원) = 실질자산(6천만 원)

– 관계회사 대여금

관계회사에 빌려준 대여금과 관련해서는 겸업부채 여부의 문제가 생기기도 합니다. 금융기관 차입이 어려운 관계회사를 대신하여 금융기관에서 자금을 차입하여 이를 즉시 관계회사에 대여하였다면, 관련된 차입금은 겸업부채일까요?

해당 차입금은 겸업부채가 아닌 실질부채입니다. 겸업부채란 겸업자산과 직접 관련된 부채이어야 합니다. 관계회사 대여금은 겸업자산이 아닌 부실자산이므로, 해당 차입금은 겸업부채가 될 수 없습니다.

– 종업원 주택자금 대여금

특수관계자에 대한 대여금 중 예외적으로, 종업원에 대한 주택자금 대여금은 실질자산입니다. 단 임원은 종업원에 해당하지 않습니다.

– 우리사주조합 대여금

우리사주조합에 대한 대여금도 실질자산에 해당합니다.

2) 특수관계자가 아닌 자에 대한 대여금

첫째, 도급공사 계약을 체결하였습니다. 발주처의 자금 문제를 해결하지 않으면 공사를 시작할 수 없어 부득이하게 발주처에게 자금을 대여하였습니다.

둘째, 재건축 공사를 수주하였습니다. 재건축조합에 운영비 등을 대여합니다. 혹은 조합을 대신하여 금융기관으로부터 자금을 차입하고 이를 조합에게 대여합니다.

셋째, 공동도급업체의 자금 부족을 해결해주기 위하여 자금을 빌려주고 일정액의 이자와 함께 돌려받기로 하였습니다.

이 3가지는 실질자산에 해당할까요? 아닙니다. 어떠한 경우에도 특수관계자가 아닌 자에 대한 대여금은 겸업자산입니다. 건축공사와 관련하여 발생한 대여금이므로 실질자산이라고 주장하더라도 인정받기 어렵습니다. 기준일 이후 회수하였는지 여부를 따지지도 않습니다.

다만 특수관계자가 아닌 자에 대한 대여금과 직접 관련된 차입금 등은 겸업부채가 인정됩니다. 금융기관에서 자금을 차입하여 이를 즉시 특수관계자가 아닌 자에게 대여하였다면, 관련된 차입금은 겸업부채로 실질부채에서 차감할 수 있습니다. 이는 특수관계자 대여금과 다른 점입니다.

> **TIP** 만약 특수관계자가 아닌 자에 대한 대여금이 있다면, 관련된 부채가 있는지 파악하여 겸업부채로 소명하여야 합니다. 즉 자금을 차입하여 대여하였다면, 관련 차입금은 겸업자산과 직접 관련된 겸업부채이므로, 실질자본 심사에서 소명하여 실질부채를 줄여야 합니다.

「건설업체 기업진단지침」(2018.6.26)의 대여금 부분 참조

제3조(정의)

이 지침에서 사용하는 용어의 뜻은 다음과 같다.

⑤ "겸업부채"란 겸업자산과 직접 관련된 부채와 겸업사업에 제공된 부채를 말한다.

(중략)

⑧ "진단 대상 사업 실질부채"란 실질부채에서 겸업부채를 차감한 금액을 말한다.

제19조(대여금 등의 평가)

① 「법인세법」상 특수관계자에 대한 가지급금 및 대여금은 부실자산으로 보며, 특수관계자가 아닌 자에 대한 대여금은 겸업자산으로 본다.

② 종업원에 대한 주택자금과 우리사주조합에 대한 대여금은 계약서, 금융자료, 주택취득 현황, 조합 결산서 등을 통하여 실재성이 확인되고 진단을 받는 자의 재무상태와 사회통념에 비추어 대여금액의 규모가 합리적인 경우에 한하여 실질자산으로 인정할 수 있다.

제28조(겸업자본의 평가)

① 건설업체가 진단 대상 사업과 겸업사업을 경영하는 경우에는 다음 각 호의 순으로 겸업자본을 평가하여야 한다.

  1. 이 지침에서 겸업자산으로 열거한 자산은 겸업자산으로 하고, 그 겸업자산과 직접 관련된 부채는 겸업부채로 한다.

선급금

적지 않은 건설업체의 재무상태표에는 선급금이 표기되어 있습니다. 선급금은 문자 그대로 먼저 지급하였다는 의미로 다음과 같은 경우입니다.

- 공사를 완료(or 정산)하기 전에 공사 대금을 미리 지급하였을 때
- 원자재를 인도받기 전에 대금을 먼저 지급하였을 때
- 건설용지를 취득하기 위해 지급한 계약금 및 중도금 등이 있을 때
- 도급공사 계약을 수주하기 위해 비용을 미리 지출하였을 때

건설업의 특성상 기준일에 큰 금액의 선급금이 남아있기는 드뭅니다. 따라서 선급금은 실질자산으로 인정받기 어려운 것이 대부분

입니다. 이익을 조절하기 위하여 당해 연도 공사원가로 산입해야 할 공사 비용을 선급금으로 표시하거나, 이미 완성된 공사 현장의 하도급 공사 대금을 정산하지 않아 남아있는 선급금도 많기 때문입니다. 이러한 현실을 고려하여, 「건설업체 기업진단지침」에서는 일부의 예외를 제외하고 선급금을 부실자산으로 봅니다. 이는 대부분의 경영자도 알고 있기 때문에 실질자본 심사 과정에서도 선급금 전체를 부실자산으로 미리 인정하는 경우가 많습니다. 그러나 선급금 중에서도 실질자산이 있습니다.

1) 공사 선급금

하도급 공사는 공사를 먼저 하고, 공사 대금 정산(매입세금계산서 수취와 공사 대금 지급)을 나중에 합니다. 때로는 계약에 따라 공사 대금을 미리 지급하고 차후에 정산하기도 합니다. 이럴 경우, 공사 시작 전에 공사 대금을 미리 지급하며 '선급금'을 표기하고, 해당 공사가 끝나면 매입세금계산서를 받아 정산하면서 '공사원가'로 산입합니다. 물론 선급금을 지급하면서 매입세금계산서를 받기도 합니다.

공사 관련 선급금이 실질자산이 되려면 세 가지 요건을 모두 갖추어야 합니다. 첫째는 계약에 따라 공사 대금(기성고 대금)을 미리 주었고, 둘째는 선급한 공사(기성고)가 기준일까지 끝나지 않았으며, 셋째는 기준일 이후에 선급한 공사(기성고)가 끝나고 공사원가로 정산하여야 합니다.

– 실질자산에 해당하는 예

① ㈜XY가 A현장의 소방시설공사를 위해 공사 계약에 따라 2018.12.30에 소방공사업체에게 대금(1천만 원)을 미리 지급하였습니다. 실제 공사는 2019.1.31에 끝나 매입세금계산서도 이때 받았고, 해당 공사비는 2019년도에 공사원가(외주공사비)에 산입하였다면, 기준일(2018.12.31)의 선급금(1천만 원)은 실질자산입니다.

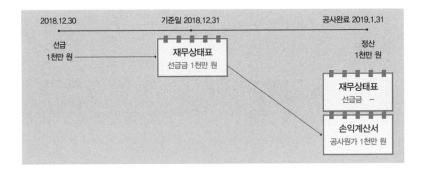

계약에 따라 선급하였고, 기준일 이후에 공사가 끝나고 공사원가로 정산하였기 때문입니다.

② ㈜XY의 B현장에서는 공사 대금을 선급하고, 기성고에 따라 정산하기로 계약하였습니다. 공사 시작 전 3억 원을 미리 지급하고 2018.12.31에 기성고에 따라 2억 원을 정산(매입세금계산서를 수취하며 2억 원을 공사원가에 산입)하였습니다. 1억 원에 해당하는 잔여 공사는 2019.1.31에 완료하고 최종 정산하였다면,

기준일(2018.12.31)의 선급금 1억 원은 실질자산입니다.

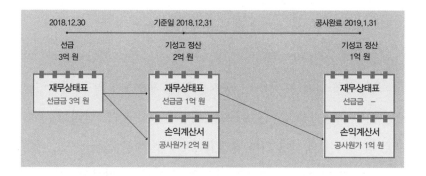

선급금 1억 원에 해당하는 만큼의 기성고가 이루어지지 않았고, 기준일 이후 기성금으로 정산하였기 때문입니다.

- 부실자산에 해당하는 예

㈜XY의 C현장에서는 공사 완료 후 정산하기로 계약하며, 공사 시작 전 1억 원을 미리 지급하였습니다. 기준일 전에 공사가 완료되었으나, 공사비를 정산하지 않아(매입세금계산서 미수취) 선급금 1억 원이 기준일에 그대로 남아있다면, 기준일(2018.12.31)의 선급금 1억 원은 부실자산입니다.

기준일 이전에 이미 하도급 공사가 완료되었으므로, 선급금 1억 원은 공사원가로 대체하였어야 합니다.

선급금에 해당하는 공사(or 기성고)가 끝났음에도 매입세금계산서를 받지 못하였다는 이유로, 공사원가로 대체하지 않고 남아있는 선급금은 부실자산입니다. 때로는 매입세금계산서를 받지 못하여, 관련 공사가 오래전에 이미 끝났음에도 계속해서 선급금으로 남아 있는 경우도 많습니다. 이러한 선급금은 모두 부실자산입니다.

 TIP 공사 관련 선급금이 실질자산으로 인정받기 위해서는, 공사 계약에 따라 공사(기성고) 시작 전에 대금을 미리 주었고, 기준일 이후 공사(기성고)가 완료되었으며, 완료된 시점에 정산하여 공사원가로 산입하였다는 사실을 '공사계약서' 등의 증빙으로 소명하여야 합니다.

2) 원자재 선급금

원자재 선급금은, 건설용 원자재를 인도받기 전에 대금을 미리 지급할 때 나타납니다. 실질자산이 되기 위해서는 두 가지 조건을 모두 갖추어야 합니다. 첫째는 원자재 입고 전에 매입 대금을 미리 지급하였고, 둘째는 기준일 이후 해당 원자재가 입고되어 공사원가로 산입하여야 합니다.

– 실질자산에 해당하는 예

㈜XY가 D현장 공사를 위해 2018.12.20에 원자재(레미콘) 대금 3

백만 원을 미리 지급하고, 선급금으로 표시하였습니다. 실제 레미콘은 2019.1.3에 매입하여 타설하였고, 매입세금계산서도 이때 받아 2019년도 공사원가(원재료 비용)에 산입하였다면, 기준일(2018.12.31) 선급금(3백만 원)은 실질자산입니다.

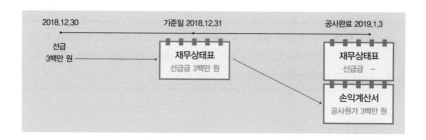

원자재 입고 전에 매입 대금을 미리 지급하였고, 기준일 이후에 해당 원자재가 입고되어 공사원가로 산입하였기 때문입니다.

– 부실자산에 해당하는 예

기준일 전에 레미콘을 매입하여 타설하였으나, 매입세금계산서만 기준일 이후 2019.1.3에 받았다는 이유로 2019년도 공사원가에 산입하였다면, 기준일(2018.12.31)의 선급금(3백만 원)은 부실자산입니다.

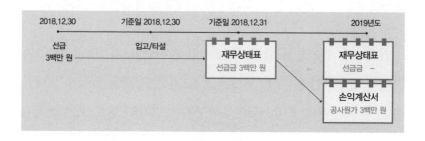

이미 입고되어 공사에 투입하였기 때문입니다. 해당 선급금은 2018년도 공사원가로 대체하여야 합니다. 기준일 전에 이미 자재를 매입하여 공사에 사용하였으면서도, 매입세금계산서를 받지 못하였다는 이유로 남아있는 선급금은 부실자산입니다.

 TIP 기준일 전에 원자재 매입 대금을 미리 주고, 기준일 이후 입고되어 해당 선급금이 실질자산이라면, '계약서', '거래명세서' 등으로 입고 시점 등을 소명하여야 합니다.

3) 건설용지 선급금

건설업체가 직접 건물(주택, 상가 등)을 신축·분양하기 위해서는 당연히 토지를 구입하여야 합니다. 토지의 소유권을 이전 받기 이전에 지급하는 취득 대금(계약금 등)은 선급금으로 표기하며, 최종 잔금을 치른 후(소유권 이전등기 후) '건설용지'로 대체하여 표시합니다.

건설용지 취득을 위한 선급금은 실질자산입니다. 다만 두 가지 조건을 갖추어야 합니다. 첫째는 실제 건축을 위해 용지 취득 대금을 미리 주었어야 하며, 둘째는 실질자본 심사일 현재 토지 취득이 완료되었거나 매매 계약이 유효하여야 합니다. 물론 계약이 해지되어 다시 돌려받았다면 실질자산입니다.

반면 부실자산으로 보는 건설용지 선급금도 있습니다.

- 부실자산에 해당하는 예

① 실질자본 심사일 현재 매매 계약일로부터 1년이 초과되었음에도, 건설용지의 소유권 이전 등의 진전이 없는 상태에서 그 사유를 객관적으로 소명하지 못하는 경우입니다.

실제 건설용지 취득을 위한 선급금인지 의심을 받을 수도 있습니다. 실질자산으로 인정받기 위해서는, 계약이 유효한지 증명해야 하고 소유권 이전이 늦어지는 사유가 있다면 그 사유를 소명하여야 합니다.

② 다음과 같이 기준일 이후 계약이 해지되어, 선급금 1억 원을 예금으로 회수한 후에 부실자산(or 겸업자산)으로 출금됐다면, 선급금

1억 원은 부실자산으로 판정합니다.

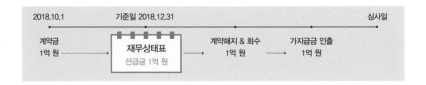

　심사일까지 계약이 해제되어, 건설용지 선급금을 예금으로 환입 후 그 일부 또는 전부가 부실자산(or 겸업자산)으로 출금되거나 유지되는 경우에는 기준일의 선급금 중 해당액을 부실자산으로 봅니다.

 TIP 기준일 이후에 건설용지의 매매 계약이 해지되어 관련 선급금을 돌려받았다면, 정상적인 운영 활동에 사용하여야 부실자산으로 판정되는 위험을 피할 수 있습니다.

4) 선급공사원가로 대체될 예정인 선급금

　공사원가란, 해당 공사를 완료하는 데 소요된 공사 시작 이후의 공사비 지출액을 말합니다. 그런데 공사가 시작되기 전에 발생한 지출액 중에서도 공사원가로 산입하는 금액이 있는데 이를 '선급공사원가'라 합니다. 공사를 수주하기 위한 활동에 지출한 금액이 대표적입니다.

　선급공사원가란, 해당 공사(공사 계약이 체결될 가능성이 매우 높은 경우)를 수주하기 위해 지출한 금액을 말합니다. 선급공사원가는 공사가 시작된 후에는 공사원가로 대체합니다. 선급공사원가로 대체될 예정인 선급금도 실질자산입니다.

– 실질자산에 해당하는 예

㈜XY가 공사 수주를 위한 지출액이 있었고, 이를 선급금으로 계상한 후 기준일 이후 실제 해당 공사를 수주하였다면, 기준일의 선급금(1천만 원)은 실질자산입니다.

> **TIP** 공사 계약 수주를 위한 지출액을 선급금으로 표시하였고, 해당 공사 계약이 체결될 가능성이 매우 높을 경우 실질자산이 될 수 있습니다. 심사일 전에 실제 계약이 체결되었거나 체결될 가능성이 매우 높다면, 구체적 근거를 들어 해당 선급금을 실질자산으로 소명하여야 합니다.

「건설업체 기업진단지침」(2018.6.26)의 선급금 부분 참조

제13조(부실자산 등)

① 다음 각 호의 자산은 부실자산으로 처리하여야 한다.

(중략)

3. 다음 각 목에 해당하는 자산. 다만 이 지침에 따라 진단 대상 사업의 실
   질자산으로 평가된 자산은 제외한다.

   (중략)

   마. 선급금…

제20조(선급금 등의 평가)

선급금이 발생한 당시의 계약서 및 금융자료 등 증빙자료와 진단일 현재 계약
이행 여부 및 진행 상황을 검토하여 실재성을 확인한 경우 다음 각 호의 선급
금은 실질자산으로 본다.

1. 계약서상 선급금 규정에 의한 선급금 중 기성금으로 정산되지 않은 금액.

2. 진단 대상 사업을 위하여 입고 예정인 재료의 구입 대금으로 선지급한 금액.

3. 주택건설 용지를 취득하기 위하여 선지급한 금액. 다만 제23조 제4항에 따
   라 실질자산에 해당하지 않는 금액은 제외한다.

4. 기업회계기준에 따라 선급공사원가로 대체될 예정인 선급금.

제23조(유형자산의 평가)

(중략)

④ 건설중인자산은 계약서, 금융자료, 회계장부 등으로 확인한다. 다만 실재
   하지 않는 계약인 경우, 진단일 현재 계약일로부터 1년이 초과되었으나 그
   사유를 객관적으로 소명하지 못하는 경우, 진단일까지 계약이 해제된 경우
   로서 불입금액이 예금으로 환입된 후 그 일부 또는 전부가 부실자산이나
   겸업자산으로 출금되거나 유지되는 경우는 부실자산으로 본다.

보증금

건설업체의 보증금은 여러 가지 용도로 구분하며 각각 실질자산 여부를 달리합니다.

- 사업장 임차보증금
- 사업장 외 부동산임차보증금
- 임직원용 주택임차보증금
- 부동산 외 임차보증금
- 건설공사를 위한 예치보증금
- 법률소송과 관련한 공탁금

1) 사업장 임차보증금

제3자와의 사이에 정상적인 계약에 의한 사업장(본점, 지점, 현장 등)

의 임차보증금은 실질자산입니다. 그러나 특수관계자(경영자, 대주주 등)와 임대차계약을 체결하였다면, 좀더 엄격하게 실질자산 여부를 심사합니다.

- 특수관계자와의 임대차계약

'임대차계약서'는 기본이고, 임차보증금과 임차료를 지급한 '금융거래내역', 임대인이 신고한 '임대소득신고서(부동산임대공급가액명세서)' 등을 갖추고 있어야 합니다. 또한 일반적인 시세와 비슷하여야 합니다. 만약 시세보다 지나치게 크다면, 그 초과액은 부실자산으로 볼 수 있습니다. 특수관계자와의 임대차 거래는 가공의 거래로서 실질자본 부족을 감추기 위한 경우가 많기에 엄격하게 심사합니다.

 TIP 부득이하게 특수관계자와 임대차계약을 체결한다면, 시세에 맞추어 계약을 체결하고 임차보증금과 임차료를 지급하여야 합니다. 그리고 특수관계자는 임대소득신고를 하여 임차보증금이 실질자산이 되도록 하여야 합니다.

2) 사업장 외 부동산임차보증금

건설업체는 사업장(본점, 지점, 현장 등)이 아닌 곳에 부동산을 임차하기도 합니다. 주로 창고나 야적장으로 활용하기 위한 부동산이 많습니다. 사업장 외 부동산의 임차보증금이 실질자산이 되기 위해서는, 임차한 부동산이 사업장 소재지에 있거나 사업장 소재지 인접한 지역에 있어야 합니다.

사업장 소재지 혹은 그 인접한 지역에 있지 않다면, 해당 임차보증금은 부실자산으로 볼 수 있습니다. 건설업체가 사업장과 멀리 떨어진 지역에 창고 등의 목적으로 부동산을 임차할 이유가 없다고 보는 것입니다.

– 다른 사업용 부동산임차보증금
건설업과 무관한 사업(시행업 등)을 위해 사무실을 별도로 임차하여 사용할 때가 있습니다. 이런 경우에는 사업장 소재지 및 인접한 지역을 따지지 않습니다. 아예 건설업과 무관한(겸업사업과 관련한) 임차보증금이므로 겸업자산입니다.

TIP 사업장과 멀리 떨어진 지역에 자재 보관 등의 목적으로 부동산을 임차하고 있다면, 실제 사용하고 있다는 사실을 구체적 근거를 통해 증명하여 실질자산임을 소명하여야 합니다.

왜냐하면 '인접한 지역'이라는 개념이 불명확하기 때문입니다. 행정구역으로 맞닿아 있는 지역으로 볼 수 있겠으나, 행정구역을 시, 도, 군 어떤 곳으로 하느냐에 따라 판단이 달라질 수 있습니다.

사업장(본점, 지점) 이외의 장소에 건설업을 위한 사무실을 별도로 임차하여 사용하고 있다면, 지점 등으로 등록(법인등기부등본에 등기)을 하여야 합니다. 그래야 해당 임차보증금이 부실자산으로 판정받을 위험을 피할 수 있습니다.

3) 임직원용 주택임차보증금

임직원용 주택의 임차보증금은 부실자산입니다. 건설업체의 임직원은 건설업을 행하는 인원이므로, 임직원의 숙소로 사용하기 위해 임차한 주택의 임차보증금은 당연히 실질자산이어야 하지 않나 의문을 가질 수 있습니다.

종업원의 주택을 지원하는 문제는, '종업원에 대한 주택자금 대여금'을 실질자산으로 인정하고 있으므로, 임직원의 숙소용 주택임차보증금은 실질자산에서 제외한 것으로 보입니다. 주택이란 장기간 계속 사용하는 숙소용(기숙사 포함)으로 보아야 합니다.

– 현장 숙소용 임차보증금

공사 현장에 일시적으로(공사 기간 동안) 사용하는 현장 인원의 숙소용 임차보증금은 어떻게 보아야 할까요? 이에 대한 구체적인 규정은 「건설업체 기업진단지침」에 없지만, 건설업과 직접 관련되고 임직원용의 주택이 아니므로 실질자산이 될 수 있다고 생각합니다.

 TIP 실질자본만을 고려한다면, 종업원의 주거용 주택에 대한 지원은 주택을 직접 임차하는 것보다는 종업원에게 '주택자금대여금'을 지급하는 것이 낫습니다.

4) 부동산 외 임차보증금

건설업체에 따라서는 유형자산 등을 임차하여 사용하기도 합니다. 보통은 차량이 대부분이고 사무기기, 건설기계 등도 있습니다. 부동산 이외의 자산에 대한 임차보증금은 리스보증금만 실질자산입니다.

리스 회사와 리스(렌탈) 계약을 체결하고 빌린 자산이 있다면, 해당 리스보증금(렌탈보증금)은 실질자산입니다. 어떠한 자산이라도 인정됩니다. 그러나 반드시 리스 회사와 계약한 보증금이어야 합니다. 리스 회사가 아닌 자(특수관계자, 제3자 등)와 계약을 체결하고 부동산 이외의 자산을 빌리면서 보증금을 지급하였다면, 해당 보증금은 부실자산입니다.

 TIP 부동산 이외의 자산을 빌릴 경우에는 반드시 리스 회사와 계약을 체결하여야 합니다.

5) 건설공사를 위한 예치보증금

건설공사 수행을 위해 계약에 따라 예치한 보증금은 실질자산입니다. 계약이행보증금 등이 있습니다. 다만 보증 기간이 만료되었음에도 회수가 늦어진다면, 회수가 가능한 금액만을 실질자산으로 평가합니다.

보증금과 관련하여 소송이 진행 중이라면, 보증금에서 소송 금액 총액을 차감한 잔액만이 실질자산입니다.

보증금 - 소송 금액 총액 = 실질자산

소송 결과를 알 수 없더라도 최악의 경우를 가정하여, 보수적으로 실질자산을 판단하는 것입니다. 물론 소송 결과가 있다면 그 판결 금액을 차감하면 됩니다.

그럼 실질자산으로 보지 않는 예치보증금은 어떤 것이 있을까요?

재무제표에는 공사와 관련하여 예치한 보증금으로 표시하여도, 실제로는 대여금이라면 겸업자산입니다. 가령 재건축 공사 수주를 위해 조합에 운영자금을 제공하고 보증금으로 재무제표에 표시하기도 하는데, 이는 대여금으로 겸업자산(특수관계자가 아닌 자에 대한 대여금)에 해당합니다.

 TIP 예치보증금은, 명칭에 불구하고 그 실질(예치보증금 or 대여금)을 따져서 실질자산 여부를 판정합니다.

6) 법률소송과 관련한 공탁금

건설공사와 관련한 소송(하자소송 등)에 따라 법원에 공탁금을 예치하기도 합니다. 법원에 예치한 공탁금의 실질자산은 얼마로 평가하여야 할까요? 「건설업체 기업진단지침」에서는 심사일 시점에서 소송 결과 등을 반영하여 회수가 가능한 금액을 실질자산으로 하도록 규정하였습니다.

TIP 실질자본 심사 과정에서 소송 결과(1차 or 2차 판결 등)가 있다면, 가장 최근의 소송 결과를 반영하여 회수가 가능한 공탁금을 실질자산으로 판단하면 됩니다. 그러나 1차 소송도 끝나지 않았다면, 회수 가능 금액을 어떻게 판단해야 할까요? 소송 결과를 예측하여야 할까요? 어려운 문제입니다.

「건설업체 기업진단지침」(2018.6.26)의 보증금 부분 참조

제21조(보증금의 평가)

① 임차보증금은 임대차계약서, 금융자료, 확정일자, 임대인의 세무신고서 및 시가자료 등에 의하여 평가하며, 다음 각 호의 경우에는 부실자산으로 본다.

1. 거래의 실재성이 없다고 인정되는 경우.
2. 임차목적물이 부동산이 아닌 경우. 다만 리스사업자와 리스계약에 의한 리스보증금은 제외한다.
3. 임차부동산이 본점, 지점 또는 사업장 소재지 및 그 인접한 지역이 아닌 경우 또는 임직원용 주택인 경우.
4. 임차보증금이 시가보다 과다하여 그 시가를 초과한 금액의 경우.

② 진단 대상 사업을 수행하면서 예치한 보증금은 그 근거가 되는 계약서, 금융자료, 진단기준일 현재 보증기관의 보관증 및 보증금 납부 후 진단일까지 진단 대상 사업의 진행 상황 등을 종합적으로 판단하여 실재성을 확인한다. 다만 보증기간이 만료된 경우로서 보증금의 회수가 지체되는 때에는 회수 가능 금액으로 평가하고, 보증금과 관련한 소송이 계속 중인 경우에는 보증금의

범위에서 소송 금액 총액을 차감하여 평가한다.

③ 법원에 예치한 공탁금은 진단일 현재의 소송 결과 등을 반영한 회수 가능 금액으로 평가한다.

④ 진단 대상 사업에 직접 제공되지 않는 임차보증금은 겸업자산으로 본다.

유형자산

유형자산은 건설업체가 직접 사용할 목적으로 보유한 자산입니다. 토지, 건물, 차량운반구, 비품 등이 있습니다. 드물게 건설중인 자산도 있습니다. 유형자산 가액은, 취득에 소요된 금액(매입가액, 취득 경비 등)에서 감가상각누계액을 차감하여 표기합니다. 유형자산이 실질자산으로 인정받기 위해서는 두 가지 조건이 필요합니다.

첫째, 건설업에 사용하고 있어야 합니다. 건설업이 아닌 다른 사업(겸업사업)에 사용하는 유형자산은 겸업자산입니다.

둘째, 소유권을 가지고 있어야 합니다. 가령 토지와 건물 등은 법원에 등기하여 법적 소유권을 가지고 있어야 합니다.

1) 유형자산 평가액

실질자산으로 평가하는 유형자산의 가액은, 취득가액에 감가상각누계액을 차감한 가액입니다. 유형자산은 매년 감가상각을 하여야 하지만 간혹 이익 조절을 위해 감가상각을 하지 않는 경우가 있습니다. 이럴 경우 실제 유형자산의 가액보다 재무상태표상 가액이 크게 표시됩니다.

- 감가상각의 누락 or 부족

유형자산의 감가상각누계액이 누락되거나 부족하다면, 실질자본심사에서 재계산합니다. 감가상각 재계산 결과와 재무제표상 감가상각누계액을 비교하여 큰 금액을 감가상각누계액으로 결정합니다.

Max(감가상각 재계산액, 재무상태표상 감가상각누계액)

재계산할 때에는 법인세법상 내용연수, 정액법을 적용합니다.

- 자산재평가

토지와 건물 등에 대해 자산재평가(감정평가 등)를 하기도 합니다. 자산의 현재 가액이 취득가액보다 높아졌다면, 자산재평가는 자산 가액과 자본을 증가시킵니다.

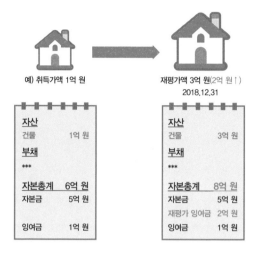

자산재평가를 하였다면, 재평가액이 실질자산가액이 됩니다. 단
재평가를 하더라도 감가상각누계액은 차감하여 평가합니다.

TIP 매 회계연도 이익 조절을 위해 감가상각을 생략하였다면, 부족한 감가상
각액을 고려하여 실질자본을 판단하여야 합니다. 기준일의 실질자본 부
족이 우려되는 상태에서는, 토지와 건물 등의 자산재평가를 통해 실질자
본을 증가시키는 방법도 있습니다. 물론 취득가액보다 기준일 시점의 현
재 가치가 많이 올랐을 때 가능한 방법입니다.

2) 임대자산

건설업체가 보유한 유형자산 중 타인에게 임대하고 있는 자산은
겸업자산입니다. 건설업과 관련이 없는 자산으로 보는 것입니다.
토지 또는 건물의 일부를 임대하고 있다면, 임대 부분(전체 면적 대비
임대 면적의 비율)에 해당하는 가액이 겸업자산입니다.

임대자산 중에서도 실질자산으로 인정하는 예외가 있습니다. 바로 본사 건축물의 임대입니다. 본사로 사용하는 건축물(부속토지 포함)의 일부를 임대하고 있다면, 임대한 부분을 포함하여 본사 건축물(부속토지 포함) 전체를 실질자산으로 봅니다.

이때 주의할 점은 '부외부채[1]'입니다. 타인(특수관계자 또는 특수관계자가 아닌 자 포함)의 차입금 등을 보증하기 위하여 본사의 업무용 건축물을 담보로 제공하였다면, 부외부채 문제가 있습니다. 타인의 차입금은 회사의 재무제표에 부채로 표시되지 않지만, 건축물에 설정된 '채권최고액' 전체를 부외부채로 보아 실질부채에 가산합니다. 담보가 설정된 만큼 실질자산(본사 건축물)의 사용이 제한되기 때문입니다.

TIP 임대자산이 있어 겸업자산으로 판정받는다면, 임대자산(겸업자산)과 관련된 겸업부채(임대보증금, 차입금 등)를 파악하여 실질부채를 줄여야 합니다. 본사 건축물을 타인을 위한 담보로 제공할 때에는 부외부채가 생기므로, 이를 감안하여 실질자본을 관리하여야 합니다. 「건설업체 기업진단지침」에서는 업무용 건축물을 건설업체 자신의 차입금에 대한 담보로 제공할 때에도 설정된 '채권최고액'을 실질부채로 본다고 하였으나, 이는 무리한 규정으로 보입니다. 이때에는 직접 관련된 차입금을 실질부채로 보는 것이 타당하다고 생각합니다.

---

1. 재무제표에 누락되어 있는 부채.

3) 운휴자산

유형자산 중에는 사용하지 않고 있는 자산이 있을 수 있습니다. 이를 운휴자산이라 합니다. 운휴자산은 겸업자산입니다. 건설업에 사용하지 않는 자산으로 보는 것입니다. 예를 들어 업무용 건물 중 직접 사용하거나 임대하지 않고 공실로 보유하고 있다면, 운휴자산으로 겸업자산이 됩니다.

다만 운휴자산은 유형자산에만 해당합니다. 건설업체가 신축분양 목적으로 완공 후 분양하지 못하여 공실로 있는 완성건물은 재고자산이므로, 운휴자산이 아닌 실질자산입니다.

 TIP 「건설업체 기업진단지침」에는 운휴자산을 겸업자산으로 규정하였으나, 사용하지 않고 있는 기간을 구체적으로 규정하진 않았습니다. 따라서 일시적으로 사용하지 않고 있는 자산은 그 사유 등을 들어 실질자산으로 소명할 필요가 있습니다.

4) 건설중인자산

유형자산의 취득을 완료하기 이전에 지출된 매입 관련 금액을 '건설중인자산'이라 합니다. 자산의 취득이 완료되었을 때, 해당 자산의 과목으로 바꾸어 표기합니다. 가령 건설용기계의 취득을 위해 미리 지급한 계약금 등은 '건설중인자산'으로 표기하였다가, 잔금을 지급하며 소유권을 이전 받았을 때 '기계장치'로 바꾸어 표기합니다. 건설중인자산은 대부분 실질자산이지만 부실자산으로 판정받을 수도 있습니다.

- 부실자산에 해당하는 예

① 계약이 해지되었을 때입니다. 기준일에는 취득이 진행되고 있어 건설중인자산으로 표기하였으나, 기준일 이후 계약이 해지되어 당초 지급한 대금을 회수하는 경우가 있습니다. 이후, 회수한 금액을 부실자산(겸업자산 포함)으로 다시 출금하면, 출금한 금액은 부실자산입니다.

예를 들어 ㈜XY가 건설용기계 취득을 위해 계약금 1억 원을 지급하며, 건설중인자산 1억 원을 표기하였습니다. 기준일 이후 계약이 해지되어 1억 원을 전액 회수하였으나, 다시 가지급금으로 6천만 원을 출금하였다면 어떻게 될까요?

회수한 금액 중 6천만 원은 부실자산(가지급금)으로 다시 출금하였으므로, 기준일의 건설중인자산 1억 원 중 6천만 원은 부실자산으로 평가합니다. 결국 실질자산은 4천만 원입니다.

② 취득 과정이 지연되고 있을 때에도 부실자산이 될 수 있습니다. 심사일 현재 시점에서 계약일로부터 1년이 초과되었으나, 당초 계약대로 진행되지 않아 취득이 완료되지 못하는 경우, 자산의 취득 과정이 실제로 진행 중이라는 사실을 객관적으로 소명하지 못하면 부실자산으로 판정받을 수 있습니다.

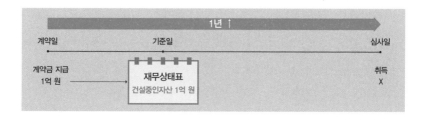

「건설업체 기업진단지침」에서 부실자산의 예를 위와 같이 규정하고 있는 이유는, 가지급금 등 부실자산을 감추기 위하여 가공의 건설중인자산으로 표기하는 사례가 있기 때문입니다.

 TIP 기준일 이후 계약이 해지되어 당초 지급한 대금을 회수하였다면, 회수한 금액은 운영자금이나 실질자산 취득에만 사용하여야 합니다. 심사일 현재 시점에서, 당초 계약대로 진행되지 않아 취득이 지체되었다면, 자산의 취득 과정이 실제 진행 중으로 가공의 자산이 아니라는 사실을 객관적으로 소명하여야 합니다.

5) 대물변제로 취득한 유형자산
도급공사 대금을 대물변제로 받는 경우가 드물게 있습니다. 건물

(부속토지 포함)이 대표적입니다. 매출채권(공사미수금)을 대물변제로 받은 건물(부속토지 포함)은 실질자산으로 인정합니다. 단 취득한 날(대물변제 받은 날)로부터 2년간입니다.

취득일로부터 2년이 경과하지는 않았으나, 임대하고 있다면 어떨까요? 이 경우에는 임대하고 있더라도 실질자산입니다. 「건설업체 기업진단지침」에는 취득한 날부터 2년간 실질자산으로 본다는 규정만 있기 때문입니다(23조⑥항에서 임대자산과 운휴자산을 겸업자산으로 보는 규정과 충돌하는 문제가 있기는 합니다).

취득일로부터 2년이 경과하도록 처분하지 못하고 기준일까지 보유하고 있다면, 어떻게 평가할까요?

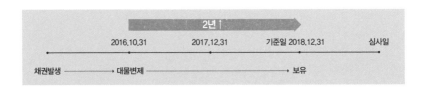

이때에는 해당 건물의 사용현황에 따라 판단합니다. 미사용 상태(운휴자산)거나, 임대하고 있다면 겸업자산으로 실질자산을 감소시키게 됩니다. 물론 본사 사무실 등 회사가 실질적으로 사용하고 있다면 실질자산으로 인정될 수 있습니다.

주의할 점은 매출채권을 대물변제로 회수할 때, 실질자산으로 인정되는 자산은 건물(부속토지 포함)뿐입니다. 만약 다른 자산(회원권 등)으로 회수한다면 겸업자산이 될 수 있습니다.

> **TIP** 대물변제로 취득한 건물(부속토지 포함)을 취득일로부터 2년이 경과하도록 처분하지 못하여 부득이하게 임대하고 있다면 겸업자산입니다. 이때는 관련 임대보증금을 겸업부채로 소명하여 실질부채를 감소시켜야 합니다.

「건설업체 기업진단지침」(2018.6.26)의 유형자산 부분 참조

제23조(유형자산의 평가)

① 유형자산은 토지, 건물, 건설중인자산 및 그 밖의 유형자산을 포함한다.

② 유형자산은 소유권, 자산의 실재성 및 진단 대상 사업에 대한 관련성을 종합하여 평가하며, 등기 또는 등록대상인 자산으로서 법적 및 실질적 소유권이 없는 경우에는 부실자산으로 본다.

③ 유형자산은 기업회계기준에 따라 취득원가모형이나 재평가모형 중에서 진단을 받는 자가 회계장부에 반영한 방식으로 평가한다. 이 경우 감가상각누계액은 취득일부터 진단기준일까지의 감가상각비로 「법인세법」에 따른 기준내용연수와 정액법으로 계산한 금액으로 한다. 다만 진단을 받는 자의 회계장부상 감가상각누계액이 클 경우에는 그 금액으로 한다.

④ 건설중인자산은 계약서, 금융자료, 회계장부 등으로 확인한다. 다만 실재

하지 않는 계약인 경우, 진단일 현재 계약일로부터 1년이 초과되었으나 그 사유를 객관적으로 소명하지 못하는 경우, 진단일까지 계약이 해제된 경우로서 불입금액이 예금으로 환입된 후 그 일부 또는 전부가 부실자산이나 겸업자산으로 출금되거나 유지되는 경우는 부실자산으로 본다.

⑤ 진단자는 토지와 건물의 등기부등본을 통하여 부외부채에 대한 평가를 하여야 한다.

⑥ 임대자산이나 운휴자산 등 진단 대상 사업과 관련이 없는 유형자산은 겸업자산으로 보며, 토지 또는 건물의 일부가 임대자산인 경우에는 전체 연면적에 대한 임대면적의 비율로 계산한 금액을 겸업자산으로 본다. 다만 진단을 받는 자가 소유한 본사의 업무용 건축물(부속토지 포함)이 임대자산인 경우에는 실질자산으로 보며, 해당 임대자산에 대하여 진단을 받는 자 또는 타인 명의의 부채(담보로 제공된 경우 채권최고액)는 실질부채로 본다.

제17조(매출채권과 미수금 등의 평가)
(중략)
⑤ 매출채권을 건물(부속토지 포함)로 회수한 경우, 그 건물은 취득한 날부터 2년간 실질자산으로 본다.

무형자산

    무형자산은 눈으로 식별할 수 없는, 즉 형태가 없는 자산을 말합니다. 미래의 수익을 얻기 위해 금전의 지출이 있었고, 그 결과 향후 수익이 이루어질 가능성이 매우 크다면, 지출된 금액을 '무형자산'으로 재무제표에 표기합니다. 이후 실제 수익(매출)이 이루어지는 시점부터 상각하여 비용(무형자산상각비)으로 대체합니다. 유형자산의 감가상각과 같습니다. 상각 방식은 추정내용연수 동안 정액법 등을 적용합니다.

    무형자산은 회계상의 개념일 뿐으로, 그 자체를 매각하여 현금으로 회수하기는 어렵습니다. 이러한 이유로 무형자산은 원칙적으로 부실자산으로 봅니다. 다만 일부 무형자산만 실질자산으로 인정합니다. 실질자산으로 인정하는 무형자산은 다음과 같습니다. 물론 건설업과 직접 관련하여 취득한 자산이어야 합니다.

첫째, 특허권, 실용신안권, 상표권 등 산업재산권이 해당됩니다.

둘째, 외부에서 구입한 소프트웨어로서, 거래명세서 등에 의하여 실재성이 확인되는 경우에 인정합니다.

셋째, 기부채납자산으로, 시설물을 기부채납하고 일정기간 무상으로 사용 수익할 수 있는 권리를 보유한 경우 실질자산으로 봅니다.

넷째, 부동산물권으로 지상권, 유치권 등이 있습니다.

기부채납자산과 부동산물권 등은 드문 사례이므로, 산업재산권 및 소프트웨어 등에 대해 살펴보겠습니다.

1) 산업재산권 및 소프트웨어

① 산업재산권

산업재산권(특허권, 실용신안권 상표권 등)은 실질자산입니다. 물론 건설업과 관련되어야만 실질자산입니다. 만약 특수관계자(경영자 등)로부터 산업재산권을 취득하였다면, 실질자본 심사 과정에서 가지급금 등 부실자산을 회피하기 위한 거래로 의심합니다. 따라서 실제 취득 여부를 확인하기 위하여 자금거래, 거래 상대방의 소득세신고(기타소득 등) 등을 철저하게 확인하여 실질자산 여부를 판단합니다.

② 소프트웨어

소프트웨어는 실질자산입니다. 단 외부에서 구입하여 건설업에 직접 사용하여야 하며, 회사에 따라서는 비품(유형자산)으로 재무제표에 표기하기도 하는데, 이것 역시 인정됩니다.

산업재산권과 소프트웨어는 정액법에 따른 상각액을 차감한 가액으로 평가합니다. 회사가 매년의 이익 조절을 위해, 무형자산의 상각을 하지 않았다면, 실질자본 심사 과정에서 재계산한 상각액(정액법 적용)을 차감하여 평가합니다.

2) 개발비 및 영업권

개발비와 영업권은 실질자산에 해당하지 않지만, 적지 않은 건설업체의 재무상태표에 표기된 무형자산입니다.

① 개발비

개발비란 신기술의 개발 단계에서 발생한 지출을 비용으로 인식하지 않고, 무형자산으로 표기 후 관련 제품 등의 수익(매출)이 시작될 때 상각하여 비용으로 인식하는 자산입니다.

개발비는 부실자산입니다. 이미 발생한 지출로서 회계상의 개념에 지나지 않는다고 보는 것입니다. 적법하게 연구개발활동을 수행하고 기업회계기준과 세법에 따라 개발비를 자산으로 표시하였다하더라도, 개발비는 부실자산으로 판정합니다.

② 영업권

영업권은 특정 사업과 관련한 독점적 권리를 취득할 때 나타납니다. 건설업과 관련하여 외부에서 적법하게 매입하였어도 부실자산입니다. 개발비와 동일하게 기업회계기준과 세법에 따라 자산으로 표시하였어도 부실자산으로 판정합니다.

 외부회계감사를 통해 자산으로 인정된 개발비와 영업권이 있더라도, 실질자본 심사에서는 부실자산에 해당한다는 사실을 명심하여야 합니다.

「건설업체 기업진단지침」(2018.6.26)의 무형자산 부분 참조

제24조(무형자산의 평가)
무형자산은 부실자산으로 본다. 다만 진단 대상 사업과 직접 관련하여 취득한 다음 각 호의 경우는 예외로 한다.
1. 시설물을 기부채납하고 일정기간 무상으로 사용 수익할 수 있는 권리를 보유한 경우에는 정액법에 따른 상각액을 차감하여 평가한다.
2. 산업재산권은 취득원가에 정액법에 따른 상각액을 차감하여 평가한다.
3. 부동산물권은 제21조 제1항 및 제23조 제2항에 준하여 평가한다.
4. 거래명세서 등에 의하여 실재성이 확인되는 외부에서 구입한 소프트웨어 (유형자산의 운용에 직접 사용되는 경우에 한함)는 취득원가 정액법에 따른 상각액을 차감하여 평가한다.

기타자산

미수금, 미수수익, 선납세금 등 기타자산은 건설업체의 재무상태표에서 많이 볼 수는 있으나, 일반적으로 금액의 크기가 작아 실질자본 결정에 큰 영향을 미치지는 않습니다.

1) 미수금

미수금은 건설업 이외의 활동에서 발생하거나, 자산의 매각 등으로 생기는 채권입니다. 미수금은 발생 원인에 따라 실질자산 여부를 판단합니다.

– 실질자산에 해당하는 예

건설업과 관련한 미수금은 실질자산입니다. 건설업에 사용하는 자산(유형자산 등)의 매각으로 발생한 미수금 등을 들 수 있습니다. 단 실질자산에 해당하는 미수금을 발생일로부터 2년이 경과하도록 회수하지 못하였다면 부실자산에 해당합니다. 매출채권과 같습니다.

2년이 경과하였더라도 다음의 미수금은 실질자산으로 인정하는 것도 매출채권과 같습니다.

- 국가, 지방자치단체 또는 공공기관에 대한 받을채권
- 법원 판결 등에 의해 금액이 확정되었거나, 소송이 진행 중인 받을채권. 단 담보의 제공이 있으며, 회수할 수 있는 채권액
- 「채무자 회생 및 파산에 관한 법률」에 따라 법원이 인가한 회생계획에 따라 변제 확정된 회생채권

- 겸업자산에 해당하는 예
건설업과 관련되지 않은 미수금은 겸업자산입니다. 임대용 부동산에서 발생한 임대수익 미수금, 비상장주식(겸업자산)의 매각과 관련한 미수금 등이 이에 해당합니다.

2) 미수수익
아직 받아야 할 시점이 되지는 않았으나, 이미 발생하였으므로 회

계기준에서는 수익으로 나타내어야 할 항목이 있는데, 이를 미수수익이라 합니다. 미수수익은 부실자산입니다. 회계상의 개념일 뿐이므로 실질자산으로 인정하지 않는 것입니다. 기준일 이후 미수수익을 회수하였는지 여부와 상관없이 부실자산입니다. 대표적으로는 예금의 기간경과이자 미수수익, 가지급금 인정이자 미수수익이 있습니다.

– 기간경과이자 미수수익

예를 들어 ㈜XY가 2018.7.1에 1년 만기 정기예금(1억 원, 이율 2%, 만기 일시 지급)에 가입하였습니다. 결산일인 2018.12.31에는 아직 이자를 받을 시점(2019.6.30)이 되지는 않았으나, 6개월(2018.7.1~12.31)에 해당하는 이자수익(약 1백만 원)은 발생하였다고 볼 수 있습니다. 회계기준을 적용하면, 재무제표에 이자수익과 미수수익 1백만 원을 표기합니다.

– 인정이자 미수수익

건설업체 재무제표에서 가장 흔한 미수수익은, 가지급금과 관련한 인정이자 미수수익입니다. 가지급금은 주로 회사의 자금을 경영자가 인출하면서 발생합니다. 세법에서는 이를 규제하기 위하여, 인정이자 수익만큼을 가산하여 법인세를 부담시키고, 경영자에게는 소득세를 부과합니다. 가지급금을 경영자에게 빌려주지 않고 금융자산 등에 운용하였다면, 일정한 이자수익 등을 올릴 수 있었으리라는 가정에 근거한 것입니다.

회사에서는 경영자의 당해 연도 소득세 부과를 피하기 위하여, 인정이자에 해당하는 금액을 미수수익^(이자수익)으로 재무제표에 표기하기도 합니다.

※ 인정이자 미수수익은 다음 연도 이후 경영자에게서 회수하여야 하며, 회수하지 않으면서 소득세 부담 등을 계속하여 피할 수는 없습니다.

3) 선납세금

선납세금은 단어 뜻 그대로 미리 납부한 세금입니다. 일반적으로 기말결산을 하면서 환급받을 세액만을 선납세금으로 표기합니다. 선납세금은 성격에 따라 실질자산 여부를 판단합니다.

– 기말결산 선납세금

실제 환급받을 선납세금은 실질자산입니다. 재무상태표에 표기되는 선납세금은 주로 법인세와 관련되어 있습니다. 일반적으로는 기중에 납부하는 다음 2가지 세액을 선납세금으로 표기합니다.

- 이자수익 원천징수세액
- 법인세 중간예납세액

이후 기말 결산을 하며 최종 납부하여야 할 법인세액을 계산합니다. 만약 납부하여야 할 법인세액보다 기중에 납부한 선납세액이 많다면, 그 차액만큼 선납세금을 재무상태표에 표기합니다. 즉 선납세금은 다음 연도에 환급받을 법인세액이 됩니다.

예를 들어 ㈜XY가 2018년도에 부담할 법인세액(1천만 원)이 기중에 납부한 선납세액 2천만 원(이자수익 원천징수세액 + 법인세 중간예납세액)보다 작다면, 차액(1천만 원)은 환급받으므로 선납세금으로 표기합니다. 이때 선납세금 1천만 원은 실질자산입니다.

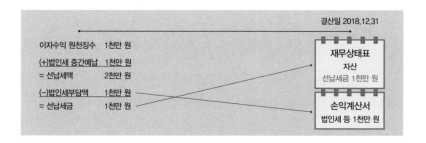

단 납부 후 돌려받지 못할 세액은 부실자산입니다. 이미 납부하였으므로 비용(세금과공과 혹은 법인세비용 등)이 되는 것이며, 실질자산으로 인정받지 못합니다.

※ 정상적으로 세무신고를 하고 회계결산을 하였다면, 환급받을 세액만 선납세금으로 표기되어야 합니다. 돌려받을 세액이 없는데 재무상태표상 선납세금이 있다면 결산을 잘못한 것입니다.

- 부가세대급금

부가가치세 중 돌려받을 세액은 부가세대급금으로 표기합니다. 올바르게 신고하고 재무제표에 표기한 부가세대급금은 실질자산입니다. 반면 납부하여야 할 부가가치세는 부가세예수금(실질부채)입니다. 기말결산 시 부가세대급금과 부가세예수금은 서로 상계하여 하나의 계정만을 표기합니다.

- 경정청구세액

법인세 혹은 부가가치세 등을 신고 납부한 후, 당초 세액을 잘못 신고하여 과다하게 납부하였다는 사실을 알게 되기도 합니다. 이때에는 다시 계산하여 신고하고 올바른 세액보다 더 납부한 세액을 돌려받을 수 있는데 이를 '경정청구'라 합니다. 실질자본 심사 대상이 되는 기준일 재무제표에는 이러한 경정청구세액(돌려받아야 할 세액)이 표기되어 있지 않는 것이 일반적입니다.

만약 실질자본 심사일에 경정청구가 진행 중이라면, 해당 환급세액을 자산으로 인정받을 수 있을까요? 경정청구세액은 환급결정통지를 받기 전까지는 실질자산으로 인정되지 않습니다. 따라서 심사일까지 환급결정통지를 받았다면 해당 금액은 실질자산으로 인정받을 수 있으나 그렇지 않다면 경정청구 사실만으로 실질자산을 인정받을 수는 없습니다.

– 조세불복 세액

국세청의 세무조사를 거쳐 법인세 등을 추징받기도 하는데, 이를 '법인세추징세액'이라고도 합니다. 회사는 이에 불복하여 '조세불복[1]' 절차를 진행할 수 있습니다.

실질자본 심사일에 조세불복이 진행 중이라면, 해당 세액을 자산으로 인정받을 수 있을까요? 경정청구와 마찬가지로 조세불복과 관련한 세액은 결정통지를 받기 전까지는 실질자산으로 인정되지 않습니다.

 TIP 실질자본 심사일에 경정청구를 진행 중일 경우, 환급결정통지를 받지 못하였더라도 경정청구의 내역이 올바르다면 실질자산으로 인정받을 수도 있습니다. 가령 부가세 매입세액의 누락으로 인한 경정청구 등은 심사 과정에서 확인할 수 있고, 실제 환급이 되는 경우가 일반적이기 때문입니다. 따라서 관련 내용을 상세히 소명할 필요가 있습니다.

---

1. 심사청구, 심판청구 등.

4) 선급비용

선급비용은 미리 지급한 비용으로 부실자산입니다. 회계기준상 자산으로 표시하였을 뿐, 이미 지출되었으므로 실질자산으로 인정하지 않는 것입니다. 선급비용은 대체로 보험료 납입으로 발생하는데, 보험료는 1년 치를 미리 납입하게 됩니다. 따라서 기말결산을 할 때에는 기간이 경과한 납입액을 보험료(비용)로 처리하고, 기간이 경과하지 않은 납입액은 선급비용으로 표기합니다.

예를 들어 ㈜XY가 1년(2018.7.1~2019.6.30) 치의 화재보험료를 선납하였을 때, 2018년도 해당액(2018.7.1~12.31)은 보험료, 2019년도 해당액(2019.1.1~6.30)은 선급비용으로 다음과 같이 표기합니다. 이때의 선급비용 50만 원은 이미 지출되었기 때문에 부실자산입니다.

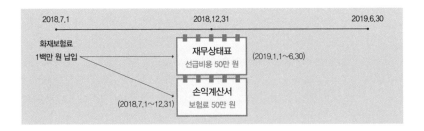

5) 이연법인세자산

기업회계기준에서 인식하는 손익과 법인세를 계산할 때의 손익은 약간의 차이가 있습니다. 이러한 차이로 인해, 당기의 손익계산서에 표기하는 법인세비용보다 실제의 법인세 부담액이 큰 경우가

생기게 됩니다. 두 금액의 차이를 재무상태표에는 '이연법인세자산'
으로 표기합니다. 또한 이연법인세자산은 부실자산입니다. 회계기
준과 법인세법의 차이에 의해 생기는 개념일 뿐이므로, 실질자산으
로 보지 않는 것입니다.

 TIP 이연법인세자산은 대체로 회계감사를 받는 회사의 재무제표에만 나타나므로, 실질자본 심사에서 문제되는 경우는 많지 않습니다.

6) 투자자산

투자 목적으로 보유한 투자자산은 겸업자산입니다. 실질자산은
건설업과 관련한 자산만 해당하기 때문입니다. 건설업체 재무제표
에서 흔히 볼 수 있는 투자자산은 회원권입니다. 골프회원권, 리조
트회원권 등이 여기에 해당합니다. 앞서 비상장주식도 겸업자산이
라 하였는데, 이 역시 투자자산으로 보기 때문입니다.

「건설업체 기업진단지침」(2018.6.26)의 기타자산 부분 참조

제13조(부실자산 등)

① 다음 각 호의 자산은 부실자산으로 처리하여야 한다.

(중략)

3. 다음 각 목에 해당하는 자산. 다만 이 지침에 따라 진단 대상 사업의 실질자산으로 평가된 자산은 제외한다.

(중략)

라. 미수금, 미수수익.

마. (중략) 선납세금, 선급비용.

제17조(매출채권과 미수금 등의 평가)

(중략)

④ 다음 각 호를 제외하고 발생일로부터 2년 이상을 경과한 매출채권과 미수금 등 받을채권(이하 '받을채권'이라 한다)은 부실자산으로 본다.

1. 국가, 지방자치단체 또는 공공기관에 대한 받을채권. 이 경우 제25조에 따른 관련 부채를 차감하여 평가하여야 한다.

2. 법원의 판결 등에 의하여 금액이 확정되었거나 소송이 진행 중인 받을채권. 이 경우 다음 각 목에 따라 평가하여야 한다.

가. 채권 회수를 위한 담보의 제공이 없는 경우에는 전액 부실자산으로 본다.

나. 채권 회수를 위한 담보의 제공이 있는 경우에는 그 제공된 담보물을 통하여 회수 가능한 금액을 초과하는 금액을 부실자산으로 본다.

3. 「채무자 회생 및 파산에 관한 법률」에 따라 법원이 인가한 회생계획에 따라 변제 확정된 회생채권.

(중략)

⑥ 국가와 지방자치단체에 대한 조세 채권(조세불복청구 중에 있는 금액을 포함한다)은 부실자산으로 본다. 다만 진단일 현재 환급 결정된 경우는 제외한다.

제22조(투자자산 등의 평가)

이 지침에서 따로 정하지 아니한 투자자산과 기타의 비유동자산은 겸업자산으로 본다.

Part 4

부채의 평가
(실질부채 구분·평가)

부채와 실질자본

'Part 2 실질자본'에서 설명한 것을 다시 정리하자면, 실질자산을 먼저 가려야 하는데 자산에서 부실자산과 겸업자산을 제외하면 됩니다. 또한 부채 역시 실질부채를 가려야 하는데, 부채에서 겸업부채는 제거하고 부외부채는 더해야 합니다. 따라서 실질자본은 실질자산에서 실질부채를 차감하여 계산합니다. 즉 부채는 실질자본 결정에 큰 영향을 미치는데, 실질부채를 줄일수록 실질자본을 증가시킬 수 있습니다.

TIP 실질자본 심사에서 자산과 부채는 심사 방법에 차이가 있습니다. 자산은 부실자산과 겸업자산을 가려내는 데 집중하는 반면 부채는 재무제표에 표기되어 있지 않은 부외부채를 찾는 데 주안점을 둡니다. 그렇다면 겸업부채는 어떨까요? 실질자본을 심사하는 이가 겸업부채를 직접 찾기는 어렵습니다. 심사 방식이 서류 중심이기 때문입니다. 따라서 겸업부채가 있다면, 건설업체가 적극적으로 소명하여 실질부채를 줄여야 합니다.

차입금

운영자금, 혹은 자산의 취득 등을 목적으로 금융기관 등으로부터 조달한 자금을 차입금이라 하는데, 이는 실질부채입니다. 단 차입금 중에서는 겸업부채에 해당하는 차입금도 있습니다.

– 겸업부채에 해당하는 예

겸업자산의 취득을 위해 조달한 차입금은 겸업부채입니다. 가령 임대용 건물(겸업자산)을 취득하기 위하여 금융기관으로부터 자금을 차입(2억 원)하여 건물 취득자금으로 지출하였다면, 차입금 2억 원은 겸업부채입니다.

차입금을 조달하여 비상장주식을 취득하였거나 특수관계자가 아닌 자(거래처 등)에게 대여하였다면, 이러한 차입금 역시 겸업부채입니다. 비상장주식과 특수관계자가 아닌 자에 대한 대여금은 겸업자산이므로, 해당 차입금은 겸업자산과 직접 관련된 부채이기 때문입니다.

– 실질부채에 해당하는 예

부실자산의 취득과 관련된 차입금은 어떨까요? 부실자산과 관련한 차입금은 실질부채입니다. 가령 금융기관에서 차입한 자금을 경영자가 가지급금으로 인출하였다면, 가지급금은 부실자산이며 해당 차입금은 실질부채입니다. 차입금을 조달하여 관계회사 대여금으로 지출하였다면, 관계회사 대여금은 부실자산이므로 해당 차입금은 실질부채입니다.

 TIP 차입금을 조달하여 부실자산으로 지출하는 행위는 피하여야 합니다. 해당 차입금은 실질부채이므로 실질자본 미달에 큰 영향을 미칩니다.

퇴직급여충당부채

퇴직급여충당부채는 가장 빈번하게 적발되는 부외부채입니다. 회계감사를 받지 않는 소규모 건설업체는 퇴직급여충당부채를 과소 계상하거나 누락하는 경우가 많습니다. 손익과 부채비율을 조절하기 위한 목적입니다. 물론 법인세법상의 문제 때문이기도 합니다.

실질자본 심사에서는 퇴직금추계액보다 퇴직급여충당부채가 적다면, 이를 추가하여 실질부채를 증가시킵니다.

그러면 그만큼 실질자본은 줄어들게 됩니다. 설립한 지 오래되고 임직원의 수가 많은 회사는 그 금액이 클 수 있습니다.

※ 퇴직금추계액은 전 임직원(퇴직금 지급 대상)이 결산일(기준일) 시점에 일시에 퇴직한다고 가정할 때 지급하여야 할 금액입니다.

「기업회계기준」에 따르면, 퇴직금추계액 전액을 퇴직급여충당부채로 표기해야 합니다. 단 DC형 퇴직연금에 가입하였다면 표기하지 않습니다.

 퇴직급여충당부채가 실질자본 미달에 미치는 영향이 큰 경우가 종종 있습니다. 회사의 재무제표를 놓고 실질자본을 검토할 때, 과소 계상한 퇴직급여충당부채를 고려하여야 합니다.

기타 충당부채

현재 진행 중인 공사로 인하여, 현재는 아니지만 미래의 어느 시기에 일정 금액의 지출(비용)이 발생할 가능성이 매우 높으리라 예상될 수 있습니다. 그런 경우에는 금액을 추정하여 재무상태표에 부채로 표기하여야 합니다. 또한 이러한 부채를 충당부채라 합니다. 충당부채는 두 가지로 나누어 평가합니다.

– 결산에 반영하지 않아도 되는 충당부채

하자보수충당부채[1]와 공사손실충당부채[2]는 재무상태표에 표기하

---

1. 공사 완료 후 하자 보수가 예상될 때, 예상되는 하자 보수 비용을 미리 부채로 표기함.

2. 원래 예상했던 공사비용이 초과하여 최종적으로 공사 손실이 발생하리라 예상될 때, 예상되는 손실을 부채로 표기함.

였을 때에만 실질부채로 합니다. 따라서 결산을 하면서 두 충당부채를 결산에 반영하지 않았다면, 동 충당부채는 없는 것입니다.

– 결산에 반드시 반영하여야 하는 충당부채

보증채무와 관련한 충당부채는 결산에 반영하지 않아 재무상태표에 표기되어 있지 않더라도 부채로 가산합니다. 부외부채로 본다는 의미입니다. 그 가액은 「기업회계기준」에 따라 평가합니다.

※ 앞서 설명한 퇴직급여충당부채도 마찬가지입니다. 결산에 반영하지 않아 재무상태표에 없어도 과소 계상한 금액을 실질부채에 추가합니다.

가수금

경영자로부터 운영자금을 차입하거나, 경영자가 인출한 가지급금을 회수할 때, 대부분 가수금으로 표기합니다. 기중에 경영자 등에 의한 자금의 인출(가지급금)과 입금(가수금)이 수시로 발생하는 경우가 많습니다. 재무상태표에 동일인(경영자 등)에 대한 가지급금과 가수금이 동시에 표기되어 있다면, 실질자본 산정에 불리합니다. 가지급금은 부실자산으로 실질자산에서 제외됨에도 불구하고, 가수금은 그대로 실질부채로 간주하기 때문입니다.

> **TIP** 가지급금과 가수금이 동일인(경영자 등)에게서 발생하였다면, 결산 과정에서 서로 상계하여 하나의 계정으로 표기하여야 실질자본 산정에 유리합니다.

이연법인세부채

　기업회계기준에서 인식하는 손익과 법인세를 계산할 때의 손익은 약간의 차이가 있습니다. 그래서 당기의 손익계산서에 표기하는 법인세비용보다 실제의 법인세 부담액이 작은 경우가 생기게 됩니다. 이 두 금액의 차이는 재무상태표에 이연법인세부채로 표기합니다. 또한 이연법인세부채는 실질부채에서 제외합니다. 회계기준과 법인세법의 차이에 의해 생기는 개념일 뿐, 실질부채로 보지 않는 것입니다.

※ 이연법인세자산을 실질자산으로 보지 않는 것과 같은 취지입니다.

기타의 부채

재무제표에 표기되는 기타의 부채에는 매입채무, 미지급금, 미지급비용, 예수금, 선수금, 임대보증금 등이 있습니다. 이러한 부채가 건설업과 관련하여 발생하였다면 실질부채이며, 겸업사업 혹은 겸업자산과 관련되어 있다면 겸업부채에 해당합니다.

– 겸업사업에 제공된 부채

건설업 이외의 다른 사업(겸업사업)에서 발생한 부채는 겸업부채입니다. 가령 전기공사업을 같이 영위한다면, 전기공사업에서 발생한 매입채무 등의 부채는 겸업사업에 제공된 겸업부채입니다.

– 겸업자산과 관련된 부채

겸업자산과 관련되어 발생한 부채 역시 겸업부채입니다. 대표적으로, 임대자산(겸업자산)과 관련한 임대보증금이 겸업부채입니다.

 TIP 기타의 부채 중에는 이미 지급하였음에도, 재무제표에 여전히 남아 있는 부채가 있습니다. 지급 의무가 없는 부채는 결산과정에서 정리하여야 실질부채를 줄일 수 있습니다. 재무제표에 표기된 부채는 실질부채로 간주하기 때문입니다. 또한 겸업자산이나 겸업사업이 있다면, 관련한 겸업부채를 파악하고 적극적으로 소명하여 실질부채를 줄여야 합니다.

「건설업체 기업진단지침」(2018.6.26)의 부채 부분 참조

제3조(정의)

이 지침에서 사용하는 용어의 뜻은 다음과 같다.

(중략)

② "실질부채"란 회사 제시 부채에서 이 지침에 따른 수정사항을 반영한 후의 금액을 말한다.

(중략)

⑤ "겸업부채"란 겸업자산과 직접 관련된 부채와 겸업사업에 제공된 부채를 말한다.

(중략)

⑧ "진단 대상 사업 실질부채"란 실질부채에서 겸업부채를 차감한 금액을 말한다.

제25조(부채의 평가)

① 부채는 그 발생사유를 공사원가, 비용의 발생 및 관련 자산의 규모 등과 비교 분석하여 그 적정성 및 부외부채의 유무를 평가하여야 한다.

② 부외부채는 다음 각 호에 따라 평가한다.

1. 진단을 받는 자는 진단기준일 현재 예금이 예치되거나 차입금이 있는 금융기관별로 금융거래확인서를 발급받거나 전체 금융기관에 대한 신용정보조회서를 발급받아 진단자에게 제출하고 진단자는 부외부채 유무를 검토하여야 한다.

2. 제15조 제3항에 따른 은행거래실적증명과 같은 기간 동안 지급한 부채 내역을 제출 받아 진단기준일 현재 부외부채 유무를 확인한다.

3. 진단기준일 현재 과세기간이 종료한 세무신고에 대하여 진단일까지 과세관청에 신고한 세무신고서를 제출 받아 미지급세금 등을 확인한다.

③ 충당부채는 다음 각 호에 따라 적정성 여부를 평가한다.

1. 퇴직급여충당부채는 기업회계기준에 따라 평가한다.

2. 진단을 받는 자가 하자보수충당부채와 공사손실충당부채를 장부에 계상한 경우에는 그 금액으로 평가한다.

3. 보증채무와 관련한 충당부채는 기업회계기준에 따라 평가한다.

④ 이연법인세부채는 이 지침의 다른 규정에 의한 겸업자본과 실질자본을 차감하는 부채로 보지 아니한다.

Part 5

겸업자본의 평가

겸업자본의 평가

건설업체 중에는 건설업 이외에 다른 사업(겸업사업)을 함께 운영하는 경우도 많습니다. 실질자본 심사의 핵심은 건설업에 속하는 자산과 부채, 즉 실질자산과 실질부채만을 가려내어 실질자본을 산정하는 것입니다. 이때 겸업사업이 있다면, 건설업과 겸업사업에 각각 속하는 자산과 부채를 어떻게 결정하고 구분하여야 하는가의 문제가 생깁니다.

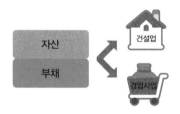

「건설업체 기업진단지침」에서는 두 단계로 나누어 구분합니다.

– 실지귀속에 따른 구분

　실지귀속이 분명한 자산 및 부채는 각 사업으로 직접 구분합니다. 앞서 Part 3, 4에서 설명한 내용이 이에 해당합니다. 직접 구분 후에는, 실지귀속에 따라 구분할 수 없는 공통의 자산과 부채가 남습니다.

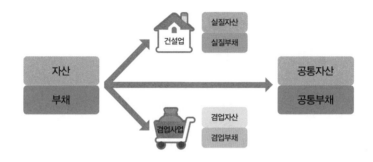

– 겸업비율에 의한 구분

　공통의 자산과 부채는 각 사업의 수입금액 비율로 배분합니다. 다만 하나 이상의 사업 중 수입금액이 없을 때에는 사용면적, 종업원 수 등을 겸업비율(배분비율)로 합니다.

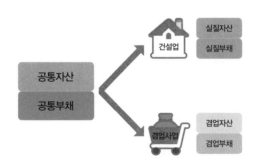

이러한 과정을 거치며 구분한 겸업자산과 겸업부채를 제외하고, 건설업에 속하는 실질자산과 실질부채만으로 실질자본을 평가합니다.

※ 겸업사업이란, 전기공사업, 정보통신공사업 등 다른 법률에서 해당 면허의 기준 자본금을 정하고 있는 업종뿐 아니라 제조업 등 건설업 이외의 모든 사업을 포함합니다.

 TIP 겸업사업이 있고 겸업자산과 겸업부채의 비중이 높아 실질자본 결정에 미치는 영향이 크다면, 겸업자산과 겸업부채를 구분하여 평가하여야 합니다. 겸업자산과 겸업부채의 구분은 그 귀속을 합리적으로 결정하여야 하고, 공통의 자산과 부채를 배분하는 등 다소 복잡한 과정을 거쳐야 합니다. 따라서 공인회계사 등 전문가에게 의뢰하여, 「재무관리상태진단보고서」[1]로 실질자본을 평가하여 실태조사 대응에 활용할 필요가 있습니다.

---

1. 건설업체의 실질자본 충족 여부를 확인한 보고서. 공인회계사, 세무사, 경영지도사 등이 작성함.

「건설업체 기업진단지침」(2018.6.26)의 겸업자본 부분 참조

제28조(겸업자본의 평가)

① 건설업체가 진단 대상 사업과 겸업사업을 경영하는 경우에는 다음 각 호의 순으로 겸업자본을 평가하여야 한다.

　1. 이 지침에서 겸업자산으로 열거한 자산은 겸업자산으로 하고, 그 겸업 자산과 직접 관련된 부채는 겸업부채로 한다.

　2. 제1호의 겸업자산과 겸업부채를 제외한 자산과 부채는 다음 각 목의 순에 따라 구분한다.

　　가. 진단 대상 사업과 겸업사업을 상시 구분 경리하여 실지귀속이 분명한 경우에는 실지귀속에 따라 겸업자산과 겸업부채를 구분한다.

　　나. 가 목에 따라 겸업자산과 겸업부채로 구분할 수 없는 공통자산과 공통부채는 겸업비율에 의하여 구분한다. 이 경우 겸업비율은 진단기준일이 속한 회계연도의 각 사업별 수입금액 비율로 한다. 다만 하나 또는 그 이상의 사업에서 수입금액이 없어 수입금액 비율을 산정할 수 없는 경우에는 사용면적, 종업원 수 등 합리적인 방식으로 산정한 겸업비율에 의한다.

② 관련법규 등에서 기준자본액이 정하여진 겸업사업에 대하여 제1항에 따라 계산한 겸업자본이 그 기준자본액에 미달하는 경우에는 기준자본액을 겸업자본으로 본다.

부록

건설업 실태조사(2018년도) 제출 서류 목록(예시)

1. '2017년도 결산재무제표('2017.12.31 기준)

○ 국세청에 전자 신고한 표준대차대조표와 표준손익계산서는 국세청(홈택스 포함)에서 출력 제출하고, 공인회계사(세무사)가 확인한 재무제표 등[재무상태표, 손익계산서, 이익잉여금계산서(또는 결손금처리계산서), 공사원가명세서, 합계잔액시산표를 포함하되, 법인세신고서(세무조정계산서)로 갈음할 수 있음]과 계정명세서를 첨부하여야 함.

2. 재무제표(재무상태표)에 다음의 각 계정과목이 포함되어 있을 경우
해당 항목에 관한 세부 증빙자료 일체(세부 증빙자료 목록 참고)

  O 계정별 원장은 해당 계정에 대한 회계장부, 계정명세
    서는 해당 계정의 구성 내역을 정리한 표를 말하며
    재무상태표 잔액과 일치하여야 함.

  O 제출 서류는 12월 결산법인을 예로 들어 규정하고 있
    으며, 결산일이 다른 경우는 그 결산일을 감안한 일
    자로 제출하여야 함.

  O 제출 서류 중 '금융 이체 자료'라 함은 예금이 인출된
    경우 은행거래실적증명서에 거래 상대방의 성명(법인
    인 경우 법인명)이 기재된 것을 말함. 단 출금 건별로 상
    대방 계좌번호와 상대방 성명이 기재된 송금의뢰서로
    갈음할 수 있음.

  O 제출 서류는 법인인감으로 "원본대조필" 날인하고 법
    인인감증명서를 제출함.

※ 건설업 실태조사 세부 증빙자료 목록(예시)

▣ 자본금
(분류 1: 금융자산 등)

계정	제출 서류 목록
현금	① 계정별 원장(현금출납장) ② 타인 발행 수표 　– 수표를 취득한 경위 및 결산일 후 사용한 내역
예금	① 계정별 원장과 계정부속명세서(예금및 차입금 일체) ② 금융기관에서 발급한 예금잔액증명서('17.12.31. 기준) 　* 금융감독원이 감독하는 제도권 금융기관에 한하며 원본으로 제출. ③ 금융기관별 예금계좌별 은행 거래내역서 　[결산일 기준으로 전후 60일('17.11.1.~'18.2.28.)] 　* 통장 사본은 인정되지 않음. ④ 2018년 1~2월 중 예금을 인출한 경우 　– 인출 일자 순으로 각 인출 건별 인출 내역(인출사유, 거래처, 세금계산서 등 증빙 사본)을 기재한 상세한 소명자료. ⑤ 금융기관별 금융거래확인서(현재 기준) 　* 전국은행연합회 신용정보조회서('17.12.31. 현재 기준)로 대체 가능. 　– 부채증명원('17.12.31. 기준)

조합출자금 및 융자금	건설공제조합 '출자좌수' 및 '융자금잔액' 확인원 ('17.12.31. 기준) * 공제조합 발급 원본
금융기관에 보관(취득) 중인 유가증권	① 국공채, 유가증권등 계정명세서 ② 금융기관이 발급한 잔고증명서('17.12.31. 기준) ③ 증권예탁금 계좌별로 '17.11.1.~'18.2.28.까지의 거래 　실적증명서 ④ 2018년 1~2월 중 인출한 경우 　: 상기 "예금" ④에 의한 소명자료
무기명식 금융상품 등	"예금" (①부터 ⑤까지) 참조

(분류2 : 국가채권, 등기자산, 임차보증금 등)

계정	제출 서류 목록
선납세금 부가세선급금	① 제세 결정기관 환급통보서 ② 입금된 통장 내역
토지, 건물 건설장비 공기구비품	① 계정별 원장(취득 시부터) ② 계정명세서 　－ 취득 시 계약서, 세금계산서 등, 금융 이체 자료, 등 　　기부등본, 건설기계등록증, 토지 및 건물대장 ③ 감가상각명세서 ④ 토지 및 건물 사용 현황
건설중인 자산	① 공 통 　－ 계정별 원장(취득 시부터) 　－ 계정명세서 　－ 계약서, 금융 이체 자료 　－ 인·허가 서류 등 ② 심사 자료 제출일 현재 취득을 완료한 경우 　－ 등기부등본 ③ 심사 자료 제출일 현재 계약이 해제된 경우 　－ 선 지급액이 환입된 통장의 은행거래실적증명서(심 　　사일까지)

임차보증금 (전세권, 지상권 포함)	① 계정명세서
	② 임대차계약서, 금융 이체 자료
	③ 임대인의 부가가치세신고서상 부동산임대공급가액명 　세서
	④ 회사의 12월 급여대장과 주주명부
	⑤ 등기한 부동산물권인 경우 등기부등본
	⑥ 임차물 사용 현황

(분류3 : 재고자산 등)

계정	제출 서류 목록
가설재 (유형자산 포함)	① 가설재 계정별 원장 및 가설재 평가 명세서 ② 매입세금계산서, 거래명세서 및 금융이체 자료 ③ 가설재 현장 배치 상황표(결산일, 심사일) ④ 실행 예산서(가설재 투입예산)
원재료 조경수 (유형자산 포함)	① 공 통 　– 재고자산명세서(취득일자 기재) 　– 매입세금계산서(계산서), 거래명세서 및 금융이체 자료 　– 취득 시 실행 예산서 ② 원재료 　– 결산 시 및 심사일까지 해당 원재료가 투입된 현장 　　일보 ③ 조경수 　– 취득 시부터 연차별 계정별 원장, 수불 대장 　– 감정평가서(취득원가 보조 자료로 감정평가를 받은 경 　　우 제출할 수 있음)

미(완)성공사 (미완성주택)	① 공통 : 현장별 공사원가명세서 및 증빙자료 　　－ 재료비(세금계산서), 노무비(계정별 원장) 　　－ 외주비(계약서, (세금)계산서), 공사경비(계정별 원장) ② 미성공사 : 공사대금의 청구 및 회수 내역 　　－ 계약서 　　－ 매출세금계산서(계산서 포함) 　　－ 공사대금이 입금된 통장사본 ③ 미완성주택 : 분양현황표 및 원가 안분 내역표
(건설)용지	① 토지등기부등본 ② 계약서 및 금융 이체 자료 ③ 계정별 원장 및 증가 또는 감소된 내역에 대한 소명자료
완성건물 (완성주택)	① 사용검사필증 및 설계도서 총괄표 ② 건물등기부 등본 ③ 건물가액 증빙서류(공사원가명세서 누적분, 감정평가 　　서 등) ④ 건물 원가 안분계산표(분양현황표 첨부) ⑤ 분양(매매)계약서
기타 재고자산	① 재고자산명세서(취득일자 기재) ② 매입세금계산서, 거래명세서 및 금융 이체 자료

(분류4 : 받을채권 등)

계정	제출 서류 목록
매출채권 (공사미수금, 분양미수금, 받을어음 포함)	① 계정별 원장 ② 거래처원장, 매출채권명세서 및 아래의 소명자료 　－ 건별 계약서 　－ 건별 공사대금의 청구(세금계산서, 계산서 사본)와 　　회수(은행거래실적증명서에 표시)내역을 계약 시부 　　터 결산일 및 심사일 현재까지 잔금 등을 연계하여 　　소명할 것 　－ 받을어음인 경우 수탁통장 입금 내역 ③ 공사진행률에 의한 공사미수금 계산 내역 　－ 건별로 ②에서 규정한 제출서류 일체 　－ 현장별 공사원가명세서 및 공사예정원가 산정 내역 　－ 현장 감리원의 결산일 전후 기성확인서 　－ 법인세 신고서 중 소득금액조정합계표, 수입금액조 　　정명세서 　－ 심사일 현재 준공현장이면 착공부터 준공 때까지 　　각 회계연도별 진행기준을 적용한 상세 내역
선급금	① 계정별 원장 ② 거래처 원장, 계정명세서 및 아래의 소명자료 　－ 계약서 및 금융 이체 자료 　－ 거래처 확인서(거래처 인감 첨부) 　－ 세금계산서(결산일 이후 수취한 것 포함)

미수금	① 계정별 원장 ② 거래처 원장, 계정명세서 및 아래의 소명자료 　－ 건별 대금의 청구(세금계산서 사본)와 회수(거래실 　　적증명서에 표시)내역을 계약 시부터 결산일 및 잔 　　금까지 연계하여 소명할 것 　－ 거래처가 확인한 채권잔액확인서(임의 서식, 거래 　　처 인감 첨부)
대여금	① 대여금(가지급금 및 가수금 포함) 계정별 원장 ② 대여금 명세서 ③ 주택 자금 대출인 경우 　－ 주택 자금 사용 현황(취득, 전세자금 등 직원 인감 　　첨부)

(분류5 : 기타의 비유동자산)

계정	제출 서류 목록
비상장주식 (투자자산 등)	① 투자와 관련된 계정명세서 및 계약서 ② 특수목적법인 주식인 경우 　– 주금납입내역(금융 이체 자료 포함) 　– 주주협약서, 정관, 사업자등록증사본, 공동도급계 　　약서
장기성 채권 (매출채권, 대여금, 미수금)	① 계정별 원장 ② 계정명세서 및 거래처원장과 아래의 소명자료 　– 건별 발생 사실을 증명하는 서류(세금계산서, 금융 　　자료 등) ③ 심사자료 제출일까지의 법적 회수가능금액 소명자료 　– 담보 물권이 설정된 등기부등본 　– 경매 배당표
사용수익권 산업재산권	① 계정별 원장 　– 최초 취득원가 발생 시부터 결산일까지 연도별로 　　제출 ② 취득 원가를 소명할 증빙자료 일체 　– 계약서, 세금계산서, 금융자료, 연도별 상각 내역 ③ 산업재산권 　– 특허권 등 인허가 서류 　– 산업재산권이 건설업종에 직접 관련된 것임을 입증 　　하는 서류

기타보증금
(계약, 이행,
하자 등)
	① 계약서 및 보증금 납부 금융거래내역 등 증빙서류
	② 보증금에 대한 거래 상대방의 보관증(인감 증명 첨부)
	   – 결산일 현재
	   – 심사 자료 제출일까지 보증금 회수 등 진행 내역
	   – 거래 상대방이 부채로 계상하고 있음을 입증하는
	     기타의 서류

건설업 실태조사규정(안)

1. 조사기관

조사기관은 국토교통부장관 또는 건설업자의 주된 영업소 소재지를 관할하는 시·도지사 또는 시장·군수·구청장^{(이하} "시·도지사 등"이라 한다)

2. 조사대상업자 선정

국토교통부장관은 다음 방법에 의거 수집된 정보를 토대로 조사대상업자 선정 기준을 마련하여, 이에 따라 조사대상

업자를 선정한 다음 실태조사를 실시하거나 선정된 조사대상
업자를 시·도지사 등에게 통보하여 실태조사를 실시하도록
한다. 시·도지사 등은 국토교통부장관으로부터 통보받은 조
사대상업자 외에 실태조사가 필요하다고 인정하는 건설업자
를 포함하여 실태조사를 실시할 수 있다.

가. 기술 능력

(1) 종합건설업자: 한국건설기술인협회로부터 건설업자별 건설
기술자 현황을 제출받아 기술 능력 미달 혐의업체 추출

(2) 전문건설업자: 건설업자로부터 건설기술자 또는 기술자격취
득자 보유 현황을 제출받아 기술 능력 미달 혐의업체 추출

나. 자본금: 실태조사 시 국토교통부장관이 별도의 기준을 정하여
미달 혐의업체 추출

다. 시설··장비·사무실

(1) 시설: 제작장 및 현도장은 등기부등본 등을 제출받아 미달
혐의업체 추출(철강재 설치공사업)

(2) 장비: 장비 중 건설기계관리법 기타 법령의 적용을 받는 장
비는 해당법령에 의한 등록증을, 그 이외의 장비는 보유하고

있음을 증명하는 서류를 제출받아 미달 혐의업체 추출

(3) 사무실: 건물등기부등본, 임대차계약서, 건축물대장, 지방세 세목별과세증명서(건물등기부등본이 없는 경우에 한함)를 제출받아 미달 혐의업체 추출

라. 보증가능금액확인서: 보증기관으로부터 보증가능금액확인서 정보를 제출받아 미달 혐의업체 추출

3. 조사 기준일

건설업 등록 기준 충족 여부를 판단하기 위한 조사 기준일은 다음과 같이한다.

가. 기술 능력: 전년도 실태조사 조사일 이후부터 조사일 현재

나. 자본금: 조사대상업자의 가장 최근 정기연차 결산일

다. 시설 · 장비 · 사무실, 보증가능금액확인서: 조사일 현재

4. 조사 방법

조사는 서면심사 또는 방문조사 등의 방법으로 실시한다.

5. 조사 실시

가. 조사기관은 실태조사 시작 7일 전까지 조사 일시, 조사 이유 및 조사 내용 등 조사 계획을 미리 조사대상업자에게 알려야 한다. 다만 긴급한 경우나 사전에 알리면 증거인멸 등으로 조사 목적을 달성할 수 없다고 인정하는 경우에는 미리 알리지 아니할 수 있다.

나. 현지를 방문하여 조사를 실시하는 경우 조사를 담당하는 공무원은 그 권한을 표시하는 증표를 지니고 이를 관계인에게 보여주어야 하고, 조사 관련 장소에 출입할 때에는 성명, 출입 시간, 출입 목적 등이 표시된 문서를 관계인에게 보여주어야 한다.

6. 자료 제출 요구

조사기관은 조사대상업자에게 기한을 정하여 조사에 필요한 자료의 제출을 요구할 수 있으며, 제출된 자료가 미비할 경우에는 추가 자료의 제출을 요구할 수 있다.

7. 실태조사 처리 방법

가. 종합공사를 시공하는 업종은 위탁받은 기관(이하 "대한건설협회"라 하며, 시·도회를 포함함)이 실태조사 중 등록기준의 적합 여부를 확인하고, 주된 영업소를 관할하는 시·도지사가 처리한다.

나. 전문공사를 시공하는 업종은 주된 영업소 소재지를 관할하는 시장·군수·구청장이 처리한다.

8. 건설업 등록기준의 적격 여부 확인

가. 기술 능력
   (1) 기술 능력의 적격여부 확인은 「건설업 관리규정」 제2장 제3항 가목에 준하여 처리하되, 근로소득원천징수영수증·급여통장사본 등을 추가로 제출받아 확인한다.
   (2) 조사 기준일 현재 퇴사한 기술 인력의 고용보험 피보험자격

이력내역서를 조사대상업자로부터 제출받기 어려운 경우에는 조사기관이 근로복지공단으로부터 직접 제출받아 확인한다.

(3) 주민등록표 등을 통하여 재학·군복무·해외체류·사망·연령 (20세 이하, 70세 이상) 등을 감안할 때 정상근무가 곤란한 경우가 있는지 확인한다.

(4) 기술 능력 보유 현황 확인은 [별지1]의 「기술자보유 현황표」를 활용할 수 있다.

나. 자본금

(1) 조사대상업자의 가장 최근 정기연차 결산일 기준의 재무제표를 검토하여 제재처분 절차에 착수한다. 다만 가장 최근 정기연차 결산일 이후 법 제17조 제1항 제1호 및 제2호의 양도·양수, 합병 또는 업종 추가 등의 사유로 재무관리상태진단보고서를 작성한 사실이 있는 경우에는 이 진단 결과를 기준으로 진단조서 등의 서류 일체를 제출받아 등록 기준 충족 여부를 판단할 수 있다.

(2) 자본금 조사일 현재 자본금 미달로 인해 행정처분 기간 중에 있는 자의 경우에는 조사대상에서 제외한다. 다만 조사일 현재 처분종료일자 기준의 재무관리상태진단보고서를 작성한 사실이 있는 업체의 경우에는 등록 기준 충족 여부를 판단할

수 있다.

(3) 조사대상업자에 대한 등록 기준 심사를 위해 자본금의 산정

및 확인에 관한 사항은 [별지2] 건설업체 진단지침에 따른다.

(4) (1)에 따라 재무제표를 검토하여 산정한 금액이 자본금기준

에 미달되는 경우 재무관리상태진단보고서를 제출받아 자본

금기준의 적격 여부를 확인할 수 있으며, 이 경우에는「건설업

관리규정」제2장 제3항 나목 (2)에 의한다.

다. 보증가능금액확인서

보증가능금액확인서의 적합 여부는 건설행정정보시스템(CIS) 또

는 보증가능금액확인서 발급기관을 통하여 확인한다.

라. 시설·장비·사무실

「건설업 관리규정」 제2장 제3항 라, 마목에 준하여 처리한다.

마. 다른 법률에 의한 등록업종 등을 겸업하는 경우

「건설업 관리규정」 제2장 제3항 바목에 준하여 처리한다.

바. 건설업 등록 기준의 중복 인정에 관한 특례 적용 기준

「건설업 관리규정」 제2장 제3항 아목에 준하여 처리한다.

9. 제재처분

가. 건설업 등록 기준에 미달한 사실이 확인된 경우에는 지체 없이 청문 등 제재처분 절차에 착수한다.

나. 정당한 사유 없이 자료를 제출하지 아니하는 건설업자에 대해서는 즉시 시정명령토록 하고, 시정명령 미이행 시에는 영업정지 처분한다.

다. 실태조사 과정에서 다른 법에 의한 위법사항이 발견된 경우 해당 처분청 등에 통보 또는 고발한다.

라. 실태조사 기간 중 전출하는 경우에는 실태조사 시작일 기준으로 전출기관에서 조사한 후 전입기관에 청문회 및 처분 요청하고, 실태조사 중 조사 대상업체의 폐업신고는 실태조사 완료 전까지는 수리하지 아니한다.

이 규정은 2018년 6월 26일부터 시행한다.

건설업체 기업진단지침

〈2018.6.26〉

제1장 총칙

제1조(목적) 이 지침은 영 제9조에 따른 재무관리상태의 진단을 실시함에 있어 진단자의 진단에 통일성과 객관성을 부여하기 위하여 필요한 사항을 규정함을 목적으로 한다.

제2조(적용 범위)

① 이 지침은 영 제13조에 따른 건설업 등록기준 중 사업자의 실질자본에 대한 진단에 관하여 적용한다.

② 진단을 실시함에 있어 이 지침에서 정하는 사항 및 다른 법령에 특별한 규정이 있는 경우를 제외하고는 기업회계기준에 따른다. 이 경우 "기업회계기준"이란 한국회계기준원 회계기준위원회가 공표하여 진단기준일 현재 시행하고 있는 회계기준을 말한다.

제3조^(정의) 이 지침에서 사용하는 용어의 뜻은 다음과 같다.

① "실질자산"이란 회사 제시 자산에서 이 지침에 따른 수정사항과 부실자산을 반영한 후의 금액을 말한다.

② "실질부채"란 회사 제시 부채에서 이 지침에 따른 수정사항을 반영한 후의 금액을 말한다.

③ "겸업사업"이란 재무관리상태의 진단대상이 되는 사업 이외의 사업을 말한다. 이 경우 법인등기사항 등 형식적인 사업 목적에 불구하고 그 실질적 사업 내용에 따라 적용한다.

④ "겸업자산"이란 이 지침에서 겸업자산으로 열거한 자산과 겸업사업을 위하여 제공된 자산을 말한다.

⑤ "겸업부채"란 겸업자산과 직접 관련된 부채와 겸업사업에 제공된 부채를 말한다.

⑥ "겸업자본"이란 겸업자산에서 겸업부채를 차감한 금액을 말한다.

⑦ "진단대상사업 실질자산"이란 실질자산에서 겸업자산을 차감한 금액을 말한다.

⑧ "진단대상사업 실질부채"란 실질부채에서 겸업부채를 차감한 금액을 말한다.

⑨ "진단대상사업 실질자본"이란 진단대상사업의 실질자산에서 진단대상사업의 실질부채를 차감한 금액으로서 진단대상이 되는 사업의 실질자본을 말한다.

제4조(진단자) 진단자는 법 제49조제2항에 따른 공인회계사(「공인회계사법」 제7조에 따라 금융위원회에 등록한 개업 공인회계사 및 같은 법 제24조에 따라 등록한 회계법인을 말한다), **세무사**(「세무사법」 제6조에 따라 등록한 세무사 및 같은 법 제16조의 4에 따라 등록한 세부법인을 말한다) **또는 전문**

경영진단기관으로 한다.

제5조(진단의 기준일)

① 신규 신청(건설업종 추가 등록을 위한 신청을 포함한다)의 경우 진단 기준일은 등록신청일이 속하는 달의 직전 월 마지막 날로 한다. 다만 신설법인의 경우에는 설립등기일을 진단 기준일로 한다.

② 〈삭제〉

③ 사업의 양수·양도, 법인의 분할·분할합병·합병, 자본금 변경 등에 따른 기업진단의 경우에는 다음 각 호에서 정하는 날을 진단기준일로 한다.

1. 양수·양도: 양도·양수 계약일

2. 분할·분할합병·합병: 분할·분할합병·합병 등기일

3. 자본금 변경: 다음 각 목의 어느 하나에 해당하는 법인인 경우에는 자본금 변경등기일

   가. 기존법인: 업종별 등록기준 자본금이 강화된 경우

   나. 신설법인: 기준자본금이 미달되어 추가로 증자한 경우

④ 당해 등록·신고수리관청이 실태조사 등의 목적에 의하여 기업진단을 실시하는 경우에는 당해 등록·신고수리관청이 지정하는 날을 진단기준일로 하되, 진단기준일은 법인인 경우 정관에서 정한 회계기간의 말일인 연차결산일을 말하고, 개인인 경우 12월 31일을 말한다. 다만 회계연도의 변경이 있는 경우는 「법인세법」에서 정하는 규정에 따른다.

제6조(재무제표와 진단 증빙 등)

① 진단을 받고자 하는 자(이하 "진단을 받는 자"라 한다)는 기업회계기준에 따라 작성한 재무제표(진단기준일이 연차결산일인 경우에는 「법인세법」 및 「소득세법」에 따라 관할 세무서장에게 제출한 정기 연차결산 재무제표를 말한다), 공사원가명세서, 회계장부 및 진단자가 요구하는 입증서류를 작성 제출하거나 제시하여야 한다.

② 제1항에도 불구하고 외감법 제2조에 따라 외부감사를 받은 법인은 재무제표 대신에 해당 감사보고서를 제출하여야 하며, 그 외의 법인으로서 재무제표를 한국채택국제회계기준에 따라 작성한 법인은 재무제표 대신에

감사보고서를 제출하여야 한다.

③ 제1항과 제2항에 따라 제출된 서류는 재작성 또는 정정 등을 이유로 반려를 요구하지 못한다. 다만 이미 제출된 서류에 명백한 오류가 있는 경우에 한하여 진단자의 승인을 얻어 정정하거나 보완서류를 추가로 제출할 수 있다.

제7조(실질자본에 대한 입증서류, 확인 및 평가 등)

① 실질자본에 대한 입증서류는 다음 각 호와 같다.

　1. 실질자산을 확인하는 입증서류는 다음 각 목의 서류를 말한다.

　　가. **기본서류**(계정명세서, 계약서, 금융자료, 세금계산서, 계산서, 정규영수증, 등기·등록서류 등을 말하며, 이하 같다)

　　나. 제2항 각 호에 따른 추가 증빙서류

　　다. 진단자가 제2장에 따라 각 계정의 평가를 위하여 필요하다고 판단하는 보완서류

　2. 실질부채를 확인하는 입증서류는 계정명세서, 신용정보조회서 또는 금융기관별 금융거래확인서, 공제조합 등 보증가능금액확인서 발급기관의 융자확인서를 말한다.

② 실질자본에 대한 확인과 평가는 다음 각 호에 의한다.

1. 계정명세서를 확인하여 무기명식 금융상품, 실재하지 않거나 출처가 불분명한 유가증권, 가지급금, 대여금, 미수금, 미수수익, 선급금, 선급비용, 선납세금, 재고자산, 부도어음, 장기성매출채권 및 무형자산은 부실자산으로 분류하고, 비상장 주식과 임대 또는 운휴 중인 자산은 겸업자산으로 분류한다. 다만 이 지침의 다른 조항에 따라 실질자산으로 인정되는 것은 제외한다.

2. 회사가 제시한 자본총계의 100분의 1을 초과하는 현금은 부실자산으로 본다.

3. 예금은 진단기준일 현재의 예금잔액증명서와 진단기준일을 포함한 60일간의 거래실적증명을 확인하되 허위의 예금이나 일시적으로 조달된 예금으로 확인된 경우는 부실자산으로 분류하고, 사용이 제한된 예금은 겸업자산으로 분류한다.

4. 매출채권은 기본서류와 거래처원장을 비교하여 실재성(實在性) 및 적정성을 평가한다.

5. 진단대상사업을 위한 재고자산으로서 원자재와 수목 등은 기본서류, 거래명세서, 현장일지로 확인하고, 단기공사현장의 미성공사는 기본서류, 공사원가명세서로 확인하며, 진단대상사업과 연관 있고 판매를 위한 신축용 재고자산은 기본서류, 공사원가명세서, 분양내역서 등으로 확인하여 실재성이 인정될 경우에는 실질자산

으로 본다.

6. 종업원 주택자금과 우리사주조합에 대한 대여금은 기본서류 등으로 확인하고, 장기성매출채권과 미수금은 기본서류, 제공받은 담보의 가치와 회수가능성을 입증하는 서류로 확인하며, 선납세금은 환급통보 내역을 입증하는 서류로 확인하여 실재성이 입증될 경우에는 실질자산으로 본다.

7. 시장성 있는 유가증권과 금융기관에 보관 중인 유가증권에 대해서는 금융기관의 잔고증명서를 확인하여 사실과 다르거나 시가를 초과하는 금액은 부실자산으로 본다.

8. 유형자산은 기본서류와 감가상각명세서를 통하여 소유권과 실재성 및 금액의 적정성을 평가하고 담보대출이나 임대보증금 유무를 확인한다.

9. 임차보증금은 기본서류, 임대인의 세무신고 자료 및 시가 조회자료를 통하여 평가하고, 그 밖의 보증금은 기본서류, 보증기관의 확인서나 보관증으로 확인하여 사실과 다르거나 시가를 현저히 초과한 금액은 부실자산으로 본다.

10. 부동산물권은 제9호에 준하여 확인한다.

11. 산업재산권은 기본서류와 인허가기관의 확인서로 평가하며 사용수익기부자산은 기본서류, 수증자의 확인서와 세무신고 자료를 통하여 평가한다.

③ 실질부채를 확인하는 입증서류를 확인한 결과 차입금 등 부외부채가 있을 경우에는 실질자본에서 해당 금액을 차감하여야 한다.

④ 제1항부터 제3항까지와 이 지침의 다른 규정에 따라 해당 자산 및 부채의 실재성과 적정성을 확인할 수 없는 경우, 이 지침에서 부실자산이나 겸업자산으로 분류하는 경우 및 실질자본에서 차감하여야 하는 경우는 진단대상사업 실질자본에서 제외한다.

제8조(진단 불능)

① 진단자는 다음 각 호의 사유에 해당하는 경우에는 진단 불능으로 처리하고, 진단을 받는 자 및 진단자가 소속된 협회에 통보한다. 다만 제1호부터 제3호까지의 사유에 따라 진단 불능으로 처리된 경우는 다른 진단자로부터 별도의 진단을 받을 수 없다.

1. 제6조 제1항 및 제2항에 따른 자료의 제출과 제시를 하지 않은 경우

2. 진단에 필요한 입증서류와 보완 요구를 거부·기피·태만히 하는 경우

3. 진단받는 자가 작성·제출한 서류 중 실질자본에 중대한 영향을 미치는 허위가 발견된 경우

4. 신설법인이 법인설립등기일 이후 20일 이내의 날을 진단일로 하여 기업진단을 의뢰하는 경우

② 진단자는 진단을 받는 자에 대한 장부의 작성 및 재무제표 작성업무를 수행한 경우(수행하는 경우를 포함한다)에는 해당 회계연도에 대한 재무관리상태 진단을 행할 수 없으며 또한 다음 각 호의 1에 해당하는 자에 대한 재무관리상태 진단을 행할 수 없다.

1. 진단자 또는 진단자의 배우자가 임원이거나 이에 준하는 직위(재무에 관한 사무의 책임 있는 담당자를 포함한다)에 있거나, 과거 1년 이내에 이러한 직위에 있었던 자(회사를 포함한다. 이하 이 항에서 같다)

2. 현재 진단자 또는 진단자의 배우자가 사용인이거나 과거 1년 이내에 사용인이었던 자

3. 진단자 또는 진단자의 배우자가 주식 또는 출자지분을 소유하고 있는 자

4. 진단자 또는 진단자의 배우자와 채권 또는 채무관계에 있는 자. 이 경우 진단자를 규율하는 관련 법 등에서 세부적으로 정한 경우에는 해당 규정에 따른다.

5. 진단자에게 무상으로 또는 통상의 거래가격보다 현저히 낮은 대가로 사무실을 제공하고 있는 자

6. 진단자의 고유 업무 외의 업무로 인하여 계속적인 보수를 지급하거나 그 밖에 경제상의 특별한 이익을 제공하고 있는 자

7. 진단을 수행하는 대가로 자기 회사의 주식·신주인수권부사채·전환사채 또는 주식매수선택권을 제공하였거나 제공하기로 한 자

제9조(진단 방법 및 진단 의견)

① 진단자는 진단을 받는 자가 제출 또는 제시하는 서류를 검토하되, 진단의견 결정에 필요한 경우 분석적 검토·실사·입회·조회·계산검증 등과 같은 전문가적 확인 절차를 통하여 진단을 실시하여야 한다.

② 진단을 받는 자가 제1항에 따른 진단자의 진단 의견 결정에 대하여 이의가 있을 때에는 이를 위해 반증을 제시할 수 있고, 진단자는 제시된 반증을 성실하게 평가한 후 진단 의견을 결정하여야 한다.

③ 진단자는 별지 제1호 서식의 진단의견란에 다음과 같이 기재한다.

1. 진단을 받는 자의 진단대상사업 실질자본이 관련법규에서 정하고 있는 등록기준 자본액 이상인 경우에는 "적격"으로 기재하고, 미달인 경우에는 "부적격"으로 기재한다.
2. 제8조 제1항의 규정에 해당하는 경우에는 "진단불능"으로 기재한다.

제10조(진단 보고 및 진단조서의 작성·비치 등)

① 진단을 실시한 진단자는 진단의 결과를 별지 제1호부터 제4호까지의 서식에 따라 작성하고 기명날인한 후 진단자가 소속된 협회의 확인(전자문서상 결재를 포함한다)을 받아 진단을 받는 자에게 교부한다.

② 진단을 실시한 진단자는 진단조서 및 관련 증빙서류(이하 "진단조서 등"이라 한다)를 작성·비치하여야 하며 이를 5년간 보존하여야 한다.

③ 국토교통부장관 또는 법 제91조 제1항, 제3항 제2호의 2부터 제2호의 4까지 및 같은 항 제6호에 따른 위임·위탁을 받은 자(이하 "위임·위탁받은 자"라 한다)는 진단보고서의 적정성을 판단하기 위하여 진단자에게 진단조서 등

의 제출을 요구할 수 있고, 진단자는 제출 요청을 받은 날로부터 7일 이내에 진단조서 등을 국토교통부장관 및 위임·위탁받은 자에게 제출하여야 한다.

제11조(진단보고서의 감리 요청 등)

① 위임·위탁받은 자는 다음 각 호의 어느 하나에 해당하면 한국공인회계사회, 한국세무사회 또는 한국경영기술지도사회 기업진단감리위원회에 진단보고서의 감리를 요청하여야 한다. 다만 위임받은 자가 종합건설업 등록에 관하여 감리를 요청하는 경우에는 위탁받은 자를 경유하여야 하며 이 경우 위탁받은 자는 사전 검토를 거쳐 감리요청 여부를 판단하여야 한다.

1. 제10조 제3항에 따른 진단조서 등을 제출하지 않는 경우

2. 진단보고서의 신뢰성이 의심되거나 진단의견에 영향을 줄 수 있는 진단오류가 예상되는 경우

3. 감사보고서상 감사의견이 의견거절이거나 부적정의견인 재무제표에 대한 진단보고서가 제출된 경우

4. 외감법에 따라 외부감사대상에 해당하나 외부감사를 받지 아니한 재무제표에 대한 진단보고서가 제출된 경우

5. 진단자가 제8조 제2항을 위반하여 업무를 수행한 경우

② 위임·위탁받은 자는 감리 결과 부실진단으로 확인되고 관계법령에 위배된다고 판단되는 때에는 해당 진단자를 수사기관에 고발하는 등 필요한 조치를 하여야 한다.

제2장 실질자본의 진단

제12조(자산·부채 및 자본의 평가)

① 진단을 실시함에 있어서 자산, 부채 및 자본의 평가는 진단대상사업의 관련 법규와 이 지침에서 정하는 사항을 제외하고는 기업회계기준에 따른다.

② 이 지침에서 규정하는 계정은 진단을 받는 자가 작성한 재무제표 계정과목이나 계정분류에 불구하고 그 실질적 내용에 따라 적용한다.

③ 진단자는 한국채택국제회계기준을 적용하여 실질자본을 평가하여서는 아니된다. 다만 진단받는 자가 제6조 제2항에 따라 재무제표 대신 감사보고서를 제출한 때에는 예외로 한다.

제13조(부실자산 등)

① 다음 각 호의 자산은 부실자산으로 처리하여야 한다.

1. 이 지침에서 부실자산으로 분류된 자산

2. 진단을 받는 자가 법적 또는 실질적으로 소유하지 않은 자산

3. 다음 각 목에 해당하는 자산. 다만 이 지침에 따라 진단대상사업의 실질자산으로 평가된 자산은 제외한다.

   가. 무기명식 금융상품

   나. 실재하지 않거나 출처가 불분명한 유가증권

   다. 가지급금, 대여금

   라. 미수금, 미수수익

   마. 선급금, 선납세금, 선급비용

   바. 부도어음, 장기성매출채권, 대손 처리할 자산

   사. 무형자산

② 다음 각 호의 금액은 진단대상사업 실질자본에서 차감하여야 한다.

1. 제1항 각 호의 부실자산과 임의 상계된 부채에 상당하는 금액

2. 진행기준으로 매출을 계상한 후 세무신고를 통하여 그 일부 또는 전부를 세무상 수입금액에서 제외한 매출채권에 상당하는 금액

3. 발생원가 또는 비용을 누락한 분식결산 금액

4. 자산의 과대평가 등에 따른 가공자산이나 부채를 누락한 부외부
채 금액

제14조(현금의 평가)

① 현금은 전도금과 현금성자산을 포함하며 예금은 제외
한다.

② 현금은 진단자가 현금실사와 현금출납장 등을 통하여
확인한 금액만 인정한다. 다만 진단을 받는 자가 제시한
재무제표의 자본총계의 100분의 1을 초과하는 현금은
부실자산으로 본다.

제15조(예금의 평가)

① 예금은 진단을 받는 자의 명의로 금융기관에 예치한
장·단기 금융상품으로 요구불예금, 정기예금, 정기적
금, 증권예탁금 그 밖의 금융상품을 말한다.

② 예금은 다음 각 호에 따라 평가한다.

1. 예금은 진단기준일을 포함한 30일 동안의 은행거래실적 평균잔
액으로 평가하며, 이 경우 30일 동안의 기산일과 종료일은 전체

예금에 동일하게 적용하여야 한다. 다만 예금의 평가금액은 진단 기준일 현재의 예금 잔액을 초과할 수 없다.

2. 제1호 본문에도 불구하고 신설법인의 경우 은행거래실적 평균잔 액의 평가기간은 진단기준일부터 진단일 전일까지로 한다.

3. 진단기준일 현재 보유하던 실질자산을 예금으로 회수하거나 진단 기준일 후 실질자산의 취득 또는 실질부채의 상환을 통하여 예금 을 인출한 경우에는 이를 가감하여 은행거래실적 평균잔액을 계 산할 수 있다.

③ 다음 각 호의 경우는 부실자산으로 처리하여야 하고 제 2항에 따른 은행거래실적 평균잔액을 계산할 때에도 이 를 제외하여야 한다.

1. 진단기준일 현재 진단을 받는 자 명의의 금융기관 예금잔액증명 과 진단기준일을 포함한 60일간의 은행거래실적증명(제2항 제2 호의 경우에는 진단기준일부터 진단일까지 기간의 은행거래실적 증명을 말한다)을 제시하지 못하는 경우. 다만 은행거래실적증명 이 발급되지 않는 금융상품의 경우에는 금융기관으로부터 발급받 은 거래 사실을 증명하는 다른 서류로 갈음할 수 있다.

2. 예금이 이 지침에서 부실자산이나 겸업자산으로 보는 자산을 회 수하는 형식으로 입금된 후 진단기준일을 포함한 60일 이내에 그

일부 또는 전부가 부실자산이나 겸업자산으로 출금된 경우

④ 질권 설정 등 사용 또는 인출이 제한된 예금(진단대상사업의 수행을 위해 보증기관이 선급금보증, 계약보증 등과 관련하여 예금에 질권을 설정한 경우는 제외한다)은 겸업자산으로 보며, 제2항에 따른 은행거래실적 평균잔액을 계산할 때에도 이를 제외하여야 한다. 이 경우 겸업자산으로 보는 예금과 직접 관련된 차입금 등은 겸업부채로 처리한다.

⑤ 진단을 받는 자는 진단기준일 현재 예금이 예치되거나 차입금이 있는 금융기관별로 금융거래확인서를 발급받거나 전체 금융기관에 대한 신용정보조회서를 발급받아 진단자에게 제출하고 진단자는 부외부채 유무를 검토하여야 한다.

제16조(유가증권의 평가)

① 유가증권은 보유기간 또는 보유목적에 따라 단기매매증권, 매도가능증권, 만기보유증권 및 지분법적용투자주식으로 구분되는 지분증권과 채무증권으로 구분된다.

② 다음 각 호를 제외한 유가증권은 겸업자산으로 본다.

　1. 특정 건설사업의 수행을 위하여 계약상 취득하는 특수 목적 법인
　　의 지분증권

　2. 진단대상사업과 관련된 공제조합 출자금

　3. 한국금융투자협회 회원사로부터 발급받은 잔고증명서를 제출한
　　유가증권

③ 제2항의 유가증권은 다음 각 호에 따라 평가한다.

　1. 제2항 제1호의 지분증권은 계약서, 출자확인서, 금융자료 등으로
　　확인한 취득원가로 평가한다.

　2. 제2항 제2호 및 제3호의 출자금 및 유가증권은 진단기준일 현재
　　의 시가로 평가한다.

　3. 제2항 제3호의 유가증권이 진단기준일 현재 사용 또는 인출이 제
　　한된 때에는 겸업자산으로 보며, 이 경우 겸업자산으로 보는 유가
　　증권과 직접 관련된 차입금 등도 겸업부채로 처리한다.

　4. 제2항 제3호의 유가증권이 진단기준일 이후 매도되어 예입된 매
　　매대금이 입금 후 60일 이내에 그 일부 또는 전부가 부실자산이
　　나 겸업자산으로 출금 또는 유지된 경우에는 부실자산으로 본다.

제17조(매출채권과 미수금등의 평가)

① 매출채권은 공사미수금과 분양미수금으로 구분되고, 거래상대방에게 세무자료에 의하여 청구한 것과 진행기준에 의하여 계상한 것을 포함하며 대손충당금을 차감하여 평가한다. 다만 진단대상사업과 무관한 매출채권은 겸업자산으로 본다.

② 세무자료에 의하여 청구한 매출채권은 계약서, 세금계산서·계산서의 청구와 금융자료에 의한 회수내역을 통하여 검토하며 필요한 경우에는 채권조회를 실시하여 확인하여야 한다.

③ 진행기준에 의하여 계산한 매출채권은 제2항에 따른 계약서 등을 통한 평가에 추가하여 진행률의 산정이 적정한지를 평가하여야 한다.

④ 다음 각 호를 제외하고 발생일로부터 2년 이상을 경과한 매출채권과 미수금 등 받을채권(이하 "받을채권"이라 한다)은 부실자산으로 본다.

1. 국가, 지방자치단체 또는 공공기관에 대한 받을채권. 이 경우 제

25조에 따른 관련 부채를 차감하여 평가하여야 한다.

2. 법원의 판결 등에 의하여 금액이 확정되었거나 소송이 진행 중인 받을채권. 이 경우 다음 각 목에 따라 평가하여야 한다.

　가. 채권 회수를 위한 담보의 제공이 없는 경우에는 전액 부실자산으로 본다.

　나. 채권 회수를 위한 담보의 제공이 있는 경우에는 그 제공된 담보물을 통하여 회수 가능한 금액을 초과하는 금액을 부실자산으로 본다.

3. 「채무자 회생 및 파산에 관한 법률」에 따라 법원이 인가한 회생계획에 따라 변제 확정된 회생채권

⑤ 매출채권을 건물(부속토지 포함)로 회수한 경우, 그 건물은 취득한 날부터 2년간 실질자산으로 본다.

⑥ 국가와 지방자치단체에 대한 조세 채권(조세불복청구 중에 있는 금액을 포함한다)은 부실자산으로 본다. 다만 진단일 현재 환급 결정된 경우는 제외한다.

제18조(재고자산의 평가)
① 재고자산은 취득원가로 평가하되 시가가 취득원가보다

하락한 경우에는 시가에 의한다. 이 경우 「부동산가격공시 및 감정평가에 관한 법률」에 의한 감정평가법인이 감정한 가액이 있는 경우 그 가액을 시가로 본다.

② 원자재 및 이와 유사한 재고자산은 부실자산으로 본다. 다만 보유기간이 취득일로부터 1년 이내인 재고자산으로서 그 종류, 취득일자, 취득사유, 금융자료, 현장일지, 실사 등에 의하여 진단기준일 현재 진단대상사업을 위하여 보유하고 있음을 확인한 경우에는 실질자산으로 본다.

③ 조경공사업이나 조경식재공사업을 위한 수목자산과 주택, 상가, 오피스텔 등 진단대상사업과 연관이 있고 판매를 위한 신축용 자산(시공한 경우에 한함)의 재고자산은 보유기간에 관계없이 제2항 단서에 따라 확인한 경우에는 실질자산으로 본다.

④ 진단대상사업에 직접 관련이 없는 재고자산과 부동산매매업을 위한 재고자산은 겸업자산으로 본다.

제19조 (대여금 등의 평가)

① 「법인세법」상 특수관계자에 대한 가지급금 및 대여금은 부실자산으로 보며, 특수관계자가 아닌 자에 대한 대여금은 겸업자산으로 본다.

② 종업원에 대한 주택자금과 우리사주조합에 대한 대여금은 계약서, 금융자료, 주택취득 현황, 조합 결산서 등을 통하여 실재성이 확인되고 진단을 받는 자의 재무상태와 사회통념에 비추어 대여금액의 규모가 합리적인 경우에 한하여 실질자산으로 인정할 수 있다.

제20조 (선급금 등의 평가)

선급금이 발생한 당시의 계약서 및 금융자료 등 증빙자료와 진단일 현재 계약이행 여부 및 진행 상황을 검토하여 실재성을 확인한 경우 다음 각 호의 선급금은 실질자산으로 본다.

1. 계약서상 선급금 규정에 의한 선급금 중 기성금으로 정산되지 않은 금액

2. 진단대상사업을 위하여 입고 예정인 재료의 구입대금으로 선지급한 금액

3. 주택건설용지를 취득하기 위하여 선지급한 금액. 다만 제23조 제

4항에 따라 실질자산에 해당하지 않는 금액은 제외한다.

4. 기업회계기준에 따라 선급공사원가로 대체될 예정인 선급금

제21조(보증금의 평가)

① 임차보증금은 임대차계약서, 금융자료, 확정일자, 임대인의 세무신고서 및 시가자료 등에 의하여 평가하며, 다음 각 호의 경우에는 부실자산으로 본다.

1. 거래의 실재성이 없다고 인정되는 경우

2. 임차목적물이 부동산이 아닌 경우. 다만 리스사업자와 리스계약에 의한 리스보증금은 제외한다.

3. 임차부동산이 본점, 지점 또는 사업장 소재지 및 그 인접한 지역이 아닌 경우 또는 임직원용 주택인 경우

4. 임차보증금이 시가보다 과다하여 그 시가를 초과한 금액의 경우

② 진단대상사업을 수행하면서 예치한 보증금은 그 근거가 되는 계약서, 금융자료, 진단기준일 현재 보증기관의 보관증 및 보증금 납부 후 진단일까지 진단대상사업의 진행상황 등을 종합적으로 판단하여 실재성을 확인한다. 다만 보증기간이 만료된 경우로서 보증금의 회수가 지체되는 때에는 회수가능금액으로 평가하고, 보증금과

관련한 소송이 계속 중인 경우에는 보증금의 범위에서 소송금액 총액을 차감하여 평가한다.

③ 법원에 예치한 공탁금은 진단일 현재의 소송 결과 등을 반영한 회수가능금액으로 평가한다.

④ 진단대상사업에 직접 제공되지 않는 임차보증금은 겸업 자산으로 본다.

제22조(투자자산 등의 평가)
이 지침에서 따로 정하지 아니한 투자자산과 기타의 비유 동자산은 겸업자산으로 본다.

제23조(유형자산의 평가)
① 유형자산은 토지, 건물, 건설중인자산 및 그 밖의 유형 자산을 포함한다.

② 유형자산은 소유권, 자산의 실재성 및 진단대상사업에 대한 관련성을 종합하여 평가하며, 등기 또는 등록대상 인 자산으로서 법적 및 실질적 소유권이 없는 경우에는

부실자산으로 본다.

③ 유형자산은 기업회계기준에 따라 취득원가모형이나 재
평가모형 중에서 진단을 받는 자가 회계장부에 반영한
방식으로 평가한다. 이 경우 감가상각누계액은 취득일
부터 진단기준일까지의 감가상각비로 「법인세법」에 따
른 기준내용연수와 정액법으로 계산한 금액으로 한다.
다만 진단을 받는 자의 회계장부상 감가상각누계액이
클 경우에는 그 금액으로 한다.

④ 건설중인자산은 계약서, 금융자료, 회계장부 등으로 확
인한다. 다만 실재하지 않는 계약인 경우, 진단일 현재
계약일로부터 1년이 초과되었으나 그 사유를 객관적으
로 소명하지 못하는 경우, 진단일까지 계약이 해제된 경
우로서 불입금액이 예금으로 환입된 후 그 일부 또는 전
부가 부실자산이나 겸업자산으로 출금되거나 유지되는
경우는 부실자산으로 본다.

⑤ 진단자는 토지와 건물의 등기부등본을 통하여 부외부채
에 대한 평가를 하여야 한다.

⑥ 임대자산이나 운휴자산 등 진단대상사업과 관련이 없는 유형자산은 겸업자산으로 보며, 토지 또는 건물의 일부가 임대자산인 경우에는 전체 연면적에 대한 임대면적의 비율로 계산한 금액을 겸업자산으로 본다. 다만 진단을 받는 자가 소유한 본사의 업무용 건축물(부속토지 포함)이 임대자산인 경우에는 실질자산으로 보며, 해당 임대자산에 대하여 진단을 받는 자 또는 타인 명의의 부채(담보로 제공된 경우 채권최고액)는 실질부채로 본다.

제24조(무형자산의 평가)

무형자산은 부실자산으로 본다. 다만 진단대상사업과 직접 관련하여 취득한 다음 각 호의 경우는 예외로 한다.

1. 시설물을 기부채납하고 일정기간 무상으로 사용수익할 수 있는 권리를 보유한 경우에는 정액법에 따른 상각액을 차감하여 평가한다.

2. 산업재산권은 취득원가에 정액법에 따른 상각액을 차감하여 평가한다.

3. 부동산물권은 제21조 제1항 및 제23조 제2항에 준하여 평가한다.

4. 거래명세서 등에 의하여 실재성이 확인되는 외부에서 구입한 소프트웨어(유형자산의 운용에 직접 사용되는 경우에 한함)는 취득원가에 정액

법에 따른 상각액을 차감하여 평가한다.

제25조(부채의 평가)

① 부채는 그 발생사유를 공사원가, 비용의 발생 및 관련 자산의 규모 등과 비교 분석하여 그 적정성 및 부외부채의 유무를 평가하여야 한다.

② 부외부채는 다음 각 호에 따라 평가한다.

1. 진단을 받는 자는 진단기준일 현재 예금이 예치되거나 차입금이 있는 금융기관별로 금융거래확인서를 발급받거나 전체 금융기관에 대한 신용정보조회서를 발급받아 진단자에게 제출하고 진단자는 부외부채 유무를 검토하여야 한다.

2. 제15조 제3항에 따른 은행거래실적증명과 같은 기간 동안 지급한 부채내역을 제출받아 진단기준일 현재 부외부채 유무를 확인한다.

3. 진단기준일 현재 과세기간이 종료한 세무신고에 대하여 진단일까지 과세관청에 신고한 세무신고서를 제출받아 미지급세금 등을 확인한다.

③ 충당부채는 다음 각 호에 따라 적정성 여부를 평가한다.

1. 퇴직급여충당부채는 기업회계기준에 따라 평가한다.

2. 진단을 받는 자가 하자보수충당부채와 공사손실충당부채를 장부에 계상한 경우에는 그 금액으로 평가한다.

3. 보증채무와 관련한 충당부채는 기업회계기준에 따라 평가한다.

④ 이연법인세부채는 이 지침의 다른 규정에 의한 겸업자본과 실질자본을 차감하는 부채로 보지 아니한다.

제26조(자본의 평가)

① 납입자본금은 법인등기사항으로 등기된 자본금으로 한다.

② 적법한 세무신고 없이 장부상 이익잉여금 등 자본을 증액한 경우에는 실질자본에서 직접 차감한다.

제27조(수익과 비용의 평가)

수익과 비용은 기업회계기준에 따라 평가한다.

제28조(겸업자본의 평가)

① 건설업체가 진단대상사업과 겸업사업을 경영하는 경우에는 다음 각 호의 순으로 겸업자본을 평가하여야 한다.

1. 이 지침에서 겸업자산으로 열거한 자산은 겸업자산으로 하고, 그 겸업자산과 직접 관련된 부채는 겸업부채로 한다.

2. 제1호의 겸업자산과 겸업부채를 제외한 자산과 부채는 다음 각 목의 순에 따라 구분한다.

   가. 진단대상사업과 겸업사업을 상시 구분 경리하여 실지귀속이 분명한 경우에는 실지귀속에 따라 겸업자산과 겸업부채를 구분한다.

   나. 가목에 따라 겸업자산과 겸업부채로 구분할 수 없는 공통자산과 공통부채는 겸업비율에 의하여 구분한다. 이 경우 겸업비율은 진단기준일이 속한 회계연도의 각 사업별 수입금액 비율로 한다. 다만 하나 또는 그 이상의 사업에서 수입금액이 없어 수입금액 비율을 산정할 수 없는 경우에는 사용면적, 종업원 수 등 합리적인 방식으로 산정한 겸업비율에 의한다.

② 관련법규 등에서 기준자본액이 정하여진 겸업사업에 대하여 제1항에 따라 계산한 겸업자본이 그 기준자본액에 미달하는 경우에는 기준자본액을 겸업자본으로 본다.

제29조(겸업사업자의 신규등록 신청 시 실질자본의 평가)

① 겸업사업을 영위하는 자가 건설업종을 신규등록 신청하는 경우에는 다음 각 호에 따라 진단대상업종의 납입자

본액을 보유하여야 한다.

1. 회사가 등록기준 자본액을 유상 또는 무상 증자한 경우. 다만 증자일 현재 완전 자본잠식 상태인 경우에는 제외한다.

2. 회사가 등록기준 자본액 이상의 자본금을 보유하고, 주주총회 또는 이사회 결의를 통하여 동액 이상의 이익잉여금을 진단대상업종을 위해 유보하고 있는 경우

② 진단대상업종의 실질자본은 제1항에 따른 증자액 또는 이익잉여금 유보액을 별도의 예금으로 예치하여야 하고 그 예금은 제15조에 따라 평가한다.

알기 쉬운!
건설업 실질자본

최신 '건설업 실태조사' 완벽가이드

알기 쉬운!
건설업 실질자본

초판 1쇄 발행 2019년 1월 15일

지은이 김명준
발행인 김혜은, 정필규
마케팅 정필규
편 집 김정웅
디자인 김소영

펴낸곳 피플벨류HS
출판등록 2017년 10월 11일 제 2017-000065호
주 소 (10084) 경기도 김포시 김포한강3로 290-13 한양수자인리버펠리스604-1002
문 의 010-3449-2136
팩 스 0504-365-2136
납품 이메일 haneunfeel@gmail.com
일반문의 이메일 pvhs0415@naver.com

ⓒ 김명준, 2019
ISBN 979-11-962126-3-6 13320
값 19,000원